돈과 사람을 끌어당기는 입지의 비밀

로케이션

• 일러두기
  한국 독자들의 이해를 돕기 위해 필요한 부분은 100엔을 1,000원으로 환산하여 표기하였습니다.

돈과 사람을 끌어당기는 입지의 비밀

로케이션

디 아이 컨설턴트 · 에노모토 아츠시 · 구스모토 다카히로 지음 | 김지영 옮김

Location

답싸북스

"매장의 매출이 영 안 좋아요."

기업을 경영하시는 분들과 얘기를 나누다보면 자주 듣게 되는 말이다. 물론 체인점 가운데는 기업의 성장에 기여하는 우수한 매장도 존재한다. 그러나 경영자의 말을 빌리면 "그런 매장의 수는 절대적으로 부족하다". 이처럼 사업 환경이 점점 어려워지고 고객의 구매 행동이 복잡해지면서, 기업의 성장에 기여하는 우수한 매장에 대한 요구는 여느 때보다 높아지고 있다.

그렇다면 우수한 매장이란 무엇일까? 우수한 매장이란 '매출이 높을 뿐만 아니라 높은 수익성으로 기업에 이익을 가져다주고, 관련된 사람들을 행복하게 만드는 매장'을 말한다.

우리는 음식점, 소매점, 각종 서비스 업종 등 체인 형태로 점포를 늘리는 기업에 컨설팅 서비스를 제공하고 있다. 특히 입지와 상권에 주목해 매장의 매출을 어떻게 설명할 수 있을지를 연구 중이다. 물론 매출을 구성하는 요소는 여러 가지가 있다. 입지와 상권, 상품과 가격, 서비스, 점포의 분위기 등 얘기하자면 끝이 없다.

이 가운데 상품과 가격, 서비스는 매장을 내고 시행착오를 거치면서 서서히 디테일한 부분을 잡아갈 수 있다. 그러나 자리는 한 번 정하면 다른 곳으로 옮기기가 쉽지 않다. 그러므로 매장을 내기 전에는 무엇보다도 입지와 상권을 제대로 파악하는 것이 중요하다.

매년 많은 가게가 생겼다가 문을 닫는다. 수많은 사람이 일자리를 얻었다가 다시 실업자가 된다. 예를 들어 현재 일본에는 약 67만 개의 음식점이 있고, 일하는 사람의 수는 440만 명에 이른다. 440만 명이 장사가 잘되느냐 안 되느냐에 따라 직장이 생기기도 하고 사라지기도 한다는 얘기다.

우리는 매장에서 일어나는 고객의 구매 행동(사실)을 수치화하고, 이 데이터를 토대로 좀 더 많은 매출을 올릴 수 있는 방법을 제안하고자 이 책을 썼다. 한마디로 이 책은 지금까지 우리 회사가 겪은 경험을 바탕으로 장사가 잘되거나 잘되지 않는 나름의 이유를 정리한 것이다. 중간중간 이해를 돕기 위해 데이터와 지도를 약간 단순화한 경향이 있지만, 그만큼 입지의 본질을 설명하기 위해 고심한 결과임을 이해해주기 바란다.

이 책을 통해 가게를 이용하는 고객의 편리성이 높아지고, 매출 걱정에 잠 못 이루는 사장님들의 얼굴에도 여유가 생기기를 바란다. 직원들은 언제 직장이 사라질지 모른다는 불안감에서 해방되고, 기업은 강한 경쟁력으로 만족할 만한 성과를 얻었으면 좋겠다. 무엇보다도 단기간에 폐업하는 가게가 조금이나마 줄었으면 한다.

우리의 연구가 가게 경영에 도움이 되고, 수많은 사람의 일상을 행복으로 채울 수 있다면 그 이상의 기쁨은 없을 것이다.

2016년 4월 어느 좋은 날

주식회사 디 아이 컨설턴트
대표이사 사장 에노모토 아츠시
매니저 구스모토 다카히로

CONTENTS

2부 최적의 입지를 찾아라

입지는 무의식의 과학이다

돈과 사람을
끌어당기는
입 지 의
비   밀

제1장

매출의 90%는
입지가 만든다

감과 경험에 의존하지 않는
과학적 입지 분석의 필요성

Location 📍 장사가 잘되는 이유를 과학적으로 밝혀내다

장소는 한번 정하면 바꿀 수 없다

늘 고객이 드나들고 번창하는 가게도 있지만, 그렇지 않은 가게도 있다. 도대체 어떻게 하면 장사가 잘될까?

우선 매장에 상품 구비가 잘되어 있어야 한다. 손님이 사고 싶은 물건이 충분하고 바로 눈에 띄는 장소에 진열되어 있다면 매출은 올라간다. 고객이 요구하는 상품을 바로 주문하는 스피드도 매출에서 중요한 요소다.

인테리어와 청결, 점원의 접객 태도도 빼놓을 수 없다. 가게가 깨끗하고, 점원에게 뭘 물어봤을 때 바로 대답해주는 응대까지 싹싹한 가게라면 고객은 틀림없이 재방문한다.

그래서 가게의 담당자는 상품이 떨어지지 않도록 미리 발주하고 진열장을 꼼꼼하게 채운다. 매일 아침 청소를 하고 웃는 얼굴로 고객을 맞이한다. 물론 손님 응대에도 많은 정성을 기울인다. 점원을 상대로 정기적인 트레이닝을 하거나 본사에서 고객인 척 몰래 와서 조사를 실시하는 체인도 있을 정도다.

그러나 가게의 매출에 직결되는 중요한 요소는 따로 있다. 바로 '입지'다. 아무리 상품을 충분히 갖추고 청결하며 머무르기 편한 가게라고 해도 애초에 가게의 존재를 모르면 아무도 찾아오지 않는다. 상품 구비나 가게의 인테리어, 청결, 서비스 등은 가게를 오픈한 후에도 향상시킬 수 있지만 입지는 그렇지 않다. 장소는 한번 정하면 바꾸기 어렵기 때문에 어떤 요소보다도 숙고가 필요하다.

좋은 입지인지 나쁜 입지인지 조사하는 방법으로 오래전부터 이용해왔던 것이 '상권조사'다. 가게를 내려고 하는 후보지를 중심으로 반경 몇 킬로미터 안에 얼마나 많은 사람이 살고 있는지, 가게가 성립될 수 있을 만큼의 사람들이 주변에 있는지 조사하는 방법이다.

거리가 가깝고 면적이 넓으면 손님도 많을까

주택가나 오피스 밀집 지역에 가게를 내는 경우와 인가도 보이지 않는 한산한 땅에 가게를 내는 경우를 비교해보자.

당연한 얘기지만 전자 쪽이 압도적으로 유리하다. 그 이유를 과학적으로 설명하고자 하는 움직임은 이미 1960년대부터 있었다. 당시 미국의 경제학자 데이비드 허프가 고안한 '허프모델'은 최근까지도 상권조사 방법으로 널리 쓰였다. 허프모델은 '소비자는 가까이에 있는 큰 매장으로 간다'라는 일반적인 경향을 전제로 삼고, 가게를 선정하는 확률이 매장의 면적에 비례하고 매장의 거리에는 반비례한다고 가정하며 상권 안에 있는 몇 명 정도가 매장에 방문할지 추측하는 방법이다.

그러나 반세기가 지난 오늘날은 당시와 상황이 많이 다르다. 먼저 상상도 하기 어려울 정도로 다양한 종류의 가게가 쏟아져 나오고 있고, 소비자들이 가게를 선택하는 기준도 거리나 면적처럼 단순하지 않다.

상권조사는 개량을 거듭해 현재는 가게를 중심으로 한 고도의 상권분석 시스템이 다수 시판되고 있다. 체인을 확장하는 기업 중에는 이런 시스템을 구비하고 있는 곳이 많다. 시스템을 갖추지 않은 기업도 새로운 가게를 낼 때는에 최소한 주변의 인구가 몇이나 되는지는 조사한다.

가게에 따라서는 보통 킬로미터 단위로 말하는 상권의 범위가 아니라 기껏해야 수백 미터 범위가 사정권인 곳도 많다. 이때 자주 사용하는 입지 분석 방법이 통행량 조사다.

통행량 조사는 가게를 내려고 하는 대지나 건물 앞에 사람이 어느 정도 지나다니는지 실제로 계수기를 이용해 세는 방법이다. 보통 오픈 예정인 가게 주변의 여러 곳을 동시에 조사하고, 자동차 방문이 예상되는 경우엔 가까운 교차로에서 자동차의 통행량을 세기도 한다.

오픈이 예정된 가게 앞에 많은 사람이 오간다면 가게에 들르는 사람도 많을 수밖에 없다. 반면에 한산한 곳에 가게를 내면 매출은 기대할 수 없다. 통행량은 매출을 결정하는 확실한 요소다. 게다가 누구나 쉽게 조사할 수 있다는 장점 때문에 출점 근거로 삼는 기업이 많다.

사람이 많이 지나다녀도 망하는 가게는 있다

앞서 말했듯이 상권의 인구와 통행량은 가게의 매출을 결정하는 중요한 요소다. 그런데 가게에 따라서는 주위에 충분한 인구가 있느냐보다 어떤 사람이 살고 있느냐가 중요한 경우도 있다. 중장년층이나 고령자가 많이 사는 주택가에 패스트푸드점을 냈을 경우 과연 충분한 매출을 기대할 수 있을까?

물론 지금은 주민의 연령이나 성별은 물론 수입도 추측할 수 있는 상권조사 시스템이 여럿 존재한다. 그리고 그중에서도 매출에 직접적인 영향을 미치는 가장 중요한 요소는 주민들이 어떤 것을 즐겨 먹는지와 같은 행동 특성이나 라이프스타일이다.

JR스이도바시역 서쪽 개찰구의 북쪽에는 겨우 30m 차이의 카페와 이자카야가 있다. 만약 이자카야 가게가 비어 있어서 그곳에 새로운 가게를 내야 하는지 망설이고 있다고 치자. 이때 부동산 업자가 "역에서 끊임없이 사람이 나오고 가게 옆 대로로 많이 지나다니니까 가게에 손님이 많이 올 수밖에 없겠어요"라고 한다면 반론할 수 있을까?

그러나 단 30m 차이라 해도 간판이 보이는 방향이 어디느냐에 따라, 또 어떤 사람들이 지나다니느냐에 따라 매출은 엄청나게 차이난다. 두 가게의 입지는 비슷해 보이지만, 실제로 가게를 낼 때에는 두 입지의 차이를 설명할 수 있는 객관적인 근거를 밝히는 것이 중요하다.

우리 회사는 창업 이래 28년에 걸쳐 4만 개 넘는 가게의 컨설팅을 맡아 진행했다. 특히 입지에 초점을 맞춘 컨설팅으로 매출 상승에 기여했다. 그 결과 입지를 구성하는 요소를 크게 10가지로 집약할 수 있었다. 그 요소 하나하나와 매출의 관계를 정량적으로 나타낸 것이 우리가 개발한 '매출요인분석'이다(그림 ①).

매출요인분석을 하는 3가지 이유

매출요인분석은 매출과 관련된 여러 가지 요소를 규명하고 객관적인 수치를 근거로 가게의 성공 여부를 명확하게 밝히는 것이 목적이다. 매출요인분석을 제대로 하려면 경영진을 비롯한 관계 부서나 매장 직원의 인터뷰는 물론이고 계절, 날짜, 시간대별 매출 자료 및 인구 통계 데이터와 각 매장에 대한 실사 보고서 등 매출과 관련된 온갖 요소를 모아 정리하고 분석해야 한다.

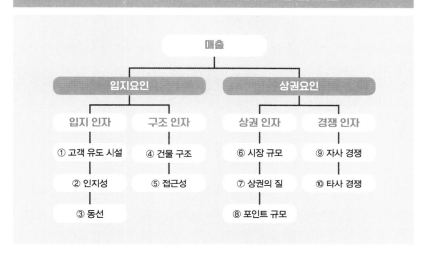

그림 ❶ 매출을 설명하는 입지·상권요인

매출요인분석은 세 가지 분야에서 유용하게 쓰인다.

첫 번째는 기업의 출점 전략이다. 프랜차이즈 기업에서는 효율적인 다점포전략을 위해 목표로 정한 지역에 집중적으로 체인점을 내는 도미넌트 출점을 주로 활용한다. 출점을 위해 어느 지역을 공략할 것인가, 기업의 거점 주변에 내는 것이 좋은가, 아니면 과감하게 전혀 다른 지역에 내는 것이 좋은 것인가 판단을 내려야 할 때 도움을 주는 자료가 바로 매출요인분석이다.

가령 기업이 타깃으로 하는 계층의 인구가 많으면서 경쟁의 위협이 없어 매출을 어느 정도 기대할 수 있는 지방을 찾는다면, 매출요인을 충족하는 구역이 얼마나 되는지 파악하고 가장 성공 가능성이 높은 지역

부터 우선적으로 출점할 수 있다.

목표로 하는 지역이 정해진 뒤에는 어느 구역이 입지로서 가치가 높은지 살펴봐야 한다. 중심도로변에 자리 잡을 것인지, 역 주변에 출점할 것인지, 거주지와 가까운 곳에 낼 것인지 범위를 좁혀가면서 입지를 따져봐야 계획적인 출점이 가능하다.

두 번째는 가게의 매출 예측이다. 매출요인분석을 하면 얼마나 많은 사람이 가게를 방문할지, 또 어떻게 하면 소비자의 시선을 확보하고 접근성을 높일 수 있을지 전략을 수립할 수 있다. 물론 그에 따른 매출을 예상하는 것도 당연히 가능하다.

세 번째는 가게의 활성화다. 대부분 그렇지만 가게를 오픈하고 난 뒤에는 기대가 실망으로 바뀌는 경우가 많다. 예상했던 매출에 미치치 못하기 때문이다. 이때 매출요인분석을 활용하면 이미 영업 중인 가게가 원래 어느 정도 매출을 올릴 수 있었는지 최대치를 계산해볼 수 있다. 매출 예측과 비교해 실적이 크게 떨어진다면 어딘가 문제가 있는 것이다. 문제가 있는 부분을 분석해서 보완하면 가게의 매출을 올릴 수 있다.

위에서 언급한 세 가지는 새롭게 가게를 여는 자영업자는 물론 체인을 확장하려는 프랜차이즈 기업에서도 필수적으로 고려해야 하는 요소들이다.

데이터가 쌓일수록 정확해지는 매출요인분석

매출요인분석을 활용한 것 중에서도 매출 예측은 계산식으로 나타낼 수 있어 그 성과를 눈으로 쉽게 확인할 수 있다. 매출을 y로 두고 입지요소 하나하나를 x_1, x_2라고 하면 매출 y는 아래의 수식으로 나타낼 수 있다(계산식에 대해서는 제7장에서 상세하게 설명하겠다).

$$y = a_1 \times x_1 + a_2 \times x_2 + a_3 \times x_3 \cdots\cdots + b$$

상권 인구와 가게 앞을 지나다니는 사람의 통행량은 중요한 요소지만 여러 개의 입지요소 중 일부일 뿐이다. 어떤 가게에서는 통행량이 매출에 큰 영향이 있지만 그렇지 않은 가게도 있을 수 있다. x_1, x_2 각각의 요소에 영향을 미치는 가중치 a_1, a_2의 값이 다르기 때문이다. 그 결과 가게마다 다른 독자적인 계산식이 생성될 수밖에 없다.

한 가게만의 데이터만 가지고 매출과 각 입지요소의 관계를 확정하는 것은 불가능하다. 하지만 다수의 가게 데이터를 모아 통계적으로 분석하면 x_1, x_2 각각의 요소가 얼마나 효과가 있는지와 가중치 a_1, a_2의 관계를 확실하게 알 수 있어 계산식의 형태를 정할 수 있다. 계산식의 형태가 정해지면 앞으로 새로운 가게를 열 때도 x_1, x_2 각각의 요소를 조사해서 수치를 대입하는 방식으로 매출 y를 뽑아낼 수 있다.

똑같은 매장을 동일한 방법으로 운영하는 체인점에서는 같은 계산식을 사용할 수 있다. 통계분석에서는 데이터가 많으면 많을수록 계산식을 정확하게 예측할 수 있다. 따라서 기존 매장의 수가 많은 체인일수록 신규 매장의 매출을 더 정확하게 예측할 수 있다.

프랜차이즈 기업의 성장은 새롭게 출점하는 체인점 수에 달려있다. 기업의 입장에서는 빈 대지와 물건만 있으면 계속 체인점을 내고 싶을 것이다. 하지만 정말로 그곳에서 매출을 올릴 수 있을지는 매출 예측 계산식을 통해 정확하게 판단해야 한다. 이렇게 매출 예측 계산식을 활용하면 출점할지 말지 빠르게 판단할 수 있어 다른 경쟁 기업보다 한 발 앞서 나갈 수 있다.

최적의 입지를 발견했는데 이미 계약이 된 상태라고 가정해보자. 교섭해서 손에 넣어야 할까, 아니면 포기하고 다른 장소를 알아봐야 할까? 미리 가게의 매출을 예측할 수 있다면 높은 매출이 예상되는 입지는 시간과 돈을 들여서라도 차지하는 것이 맞다. 매출요인분석이라는 객관적인 근거로 예상한 매출이기에 목표한 매출을 충분히 달성할 수 있을 것이고 교섭에 들인 돈도 빠른 시간 내에 회수할 수 있기 때문이다.

경기가 어려워지면서 소비자들이 주머니를 닫고 있고, 비슷한 가게가 너무 많이 출점하면서 자영업자들 사이의 경쟁은 더욱 심해지고 있다. 대기업 체인점들의 각 매장 매출도 꾸준히 감소하는 추세다. 그러나 이는 어디까지나 일반적인 현상일 뿐이다. 매출을 예측하는 계산식을 정확하게 만들 수 있다면 가게에 따라 어느 매출요인이 매출 상승을 방해하는지 일목요연하게 정리할 수 있다. 이를 통해 강화해야 할 포인트를 명확하게 알 수 있고 경쟁력과 매출을 높일 수 있는 방안도 마련할 수 있다.

감과 경험에 따른 입지 선정의 위험성

매출요인분석은 유용하지만 이를 철저하게 활용하고 있는 기업은 아직 소수에 불과하다. 아직 많은 기업이 베테랑 담당자의 감과 경험에 의존해서 출점을 결정하고 운용한다. 작은 기업은 사장이 직접 현지를 탐방하고 다년간의 경험만을 바탕으로 출점을 진행하기도 한다.

물론 사장이나 베테랑 직원의 입지를 보는 안목은 남다를 것이다. 출점을 결정하는 판단력도 탁월할 것이다. 그러나 개발해야 하는 점포의 규모가 10개, 50개를 넘어가면 아무래도 개개인의 역량만으로는 입지를 정하기가 쉽지 않다.

아무리 대단한 베테랑 직원이라도 감이 언제나 맞는다는 보장은 없다. 판단하는 데도 시간이 걸리기 때문에 좋은 입지를 다른 회사에 뺏길지도 모른다. 또 베테랑 직원이 자신의 감과 경험을 다른 사람에게 가르쳐줄 수 없다는 점도 문제다. 새로운 인재를 양성하지 못한 채 소수의 사람이 대량의 안건을 떠안게 되는 것이다.

감과 경험에 의존하지 않고 신규 체인점을 오픈하는 기업도 늘어나고는 있다. 그렇지만 아직 그 근거가 불충분하다. 가게 앞의 통행량이나 상권 인구만을 조사하여 입지를 판단하는 사례가 너무 많다. 그 결과 가게를 낸 것까지는 좋았는데 예측(이라고 하기보다는 기대)을 크게 밑도는 매출밖에 올리지 못해 실패하는 경우가 많다.

기업이 존재하고 계속 성장하기 위해서는 무엇보다도 경영자를 비롯한 베테랑 직원들이 가진 날카로운 감과 경험을 수치화해서 누구나 사용할 수 있는 형태로 만드는 것이 중요하다. 그들이 무엇을 보고 입지를 판단하는지 근거를 빠짐없이 밝히고 '매출에 큰 영향을 주는 요소'와 '영향이 없는 요소'를 객관적으로 수치화하면 미래에도 꾸준히 성장하는 기업으로 남을 수 있다.

앞으로 소개할 매출요인분석은 회사 내에서 누가 실행하더라도 같은 결과가 나온다. 그렇기 때문에 객관적으로 통일된 출점 기준이 될 수 있다는 것이 장점이다. 거기에 더해 인재 양성에도 도움이 된다. 입지를 판단할 때 필요한 매출요인을 하나하나 살펴보는 것만으로도 장사가 잘되는 위치의 특징을 배울 수 있기 때문이다.

가장 좋은 건 기업에 따라 독자적으로 매출요인을 분석하고 나름의 계산식을 만들어내는 것이다. x_1, x_2 각각의 요소를 추출하는 것부터 시작해 그 위에 각각의 요소가 어느 정도 중요한지 하나하나의 가중치를 결정한다. 그 과정 자체가 입지를 판단할 때 빠져서는 안 되는 조건을 배우고 몸에 익히는 경험이 된다. 매출요인분석은 프랜차이즈 기업이 성공하기 위한 필수 불가결한 도구다.

돈의 흐름을 좌우하는
매출요인 10가지

매출요인은 입지요인과 상권요인으로 나뉜다

우리 회사는 28년간의 연구를 통해 매출요인분석에 필요한 입지를 구성하는 대표적인 요소 10개를 밝혀냈다.

매출요인은 입지요인과 상권요인 두 가지로 나눌 수 있다. 좁은 범위에서 매출에 영향을 끼치는 요인을 '입지요인'이라고 한다. 한편 수 킬로미터, 대형 쇼핑센터라면 수십 킬로미터에 이르는 넓은 범위에서 매출에 영향을 미치는 요인을 '상권요인'이라고 한다.

우선 입지요인을 살펴보도록 하자. 입지요인은 가게가 세워진 대지와 건물, 주변의 환경 등 비교적 좁은 범위에서 매출에 영향을 미친다. 주로 고객 유도 시설, 인지성, 동선, 건물 구조, 그리고 접근성의 5가지가 있다.

자연스럽게 고객이 모이는 곳 – 고객 유도 시설

고객 유도 시설은 말 그대로 고객을 끌어들이는 시설을 말한다. 도심부라면 다양한 사람들이 이용하는 역이 대표적이다. 타고 내리는 승객의 수가 평균 이상인 역이라면 업종의 차이는 있겠지만 일반적으로 역과 가까운 가게의 매출이 높다.

대규모 상업 시설도 고객 유도 시설이다. 교외에서는 대형 교차로, 중심도로, 고속도로의 인터체인지나 대형 휴게소 등도 고객 유도 시설이 된다. 교차로 가까이에 있는 가게라면 그 위치만으로도 눈에 띄어 사람들이 지나면서 들를 가능성이 커진다.

쇼핑몰과 같은 상업 시설 안에서는 중앙 출입구나 주차장을 통해 들어오는 출입구, 에스컬레이터, 엘리베이터 등도 고객 유도 시설이 된다. 그 부근으로 자연스럽게 사람이 모이는 길목이 형성되기 때문에 근처에 가게를 내는 것이 좋은 선택이다.

손님이 아느냐 모르느냐 – 인지성

'어디에 어떤 가게가 있는가' 기준으로 판단하는 것이 인지성이다. 이 또한 가게의 매출에 직결되는 중요한 요소다. 인지성은 시계성과 주지성 두 가지로 나누어서 생각할 수 있다.

시계성이란 '보인다/보이지 않는다'를 평가하는 것이고 주지성은 '알고 있다/모른다'를 평가하는 항목이다. 가게가 건물의 2층이나 지하에 있다면 지나가는 사람이 가게의 위치를 알아차리기 어렵다. 건물이 빽 빽한 도심에서는 가게의 정면 폭이 좁으면 시계성이 크게 떨어진다. 정면 간판, 쇼윈도의 디스플레이, 현수막 등으로 시계성을 보완하는 것이 필수적이다.

그 지역에서 가게(혹은 브랜드)를 알고 있는 사람이 얼마나 되는지 평가하는 것이 주지성이다. 사람들은 무의식적으로 주지성이 높은 가게를 고르게 된다. 누구나 다 알고 있는 브랜드의 체인이라면 문제가 될게 없겠지만 그렇지 않은 경우라면 전단지를 뿌리는 등의 전략적인 홍보를 통해 주지성을 올릴 필요가 있다.

사람이 움직이는 길을 읽다 – 동선

동선이란 고객 유도 시설과 또 하나의 고객 유도 시설을 연결하는 길을 말한다.

고객 유도 시설이 되는 역에서 사람들이 내린 후 또 다른 고객 유도 시설인 회사나 학교로 향하는 길이 동선이다. 고객 유도 시설이 두 개가 아니라 서너 개로 늘어나면 그 사이에 복잡한 동선이 생긴다. 대형 매장이 늘어서 있는 교외 간선도로나 고층 빌딩이 집중된 도심의 오피스 단지에 생기는 것이 복수 동선이다. 고객 유도 시설이 여러 개 있고 그것이 면 차원으로 넓어지면 그것을 둘러싸고 회유 동선이 생긴다. 중심가에 생기는 것이 주 동선이고 뒷골목에는 부동선이 생기기도 한다(동선과 관련된 자세한 내용은 제7장에서 소개하겠다).

고객 유도 시설은 무엇인지 명확하게 알아차릴 수 있는 반면에 동선은 눈에 보이지 않고 쉽게 변해 의도적으로 의식하지 않으면 알아보기 어렵다.

사람을 붙잡는 공간의 힘 – 건물 구조

가게 면적과 주차장 주차 대수, 좌석 수, 인구수 등으로 평가할 수 있는 지표를 '건물 구조'라고 한다.

일반적으로 가게의 규모가 크면 클수록 매출이 올라간다. 교외에 있는 매장에서는 주차 대수를 늘리면 늘릴수록 많은 방문객을 수용할 수 있어 실제 매출이 올라간다. 주차장 출입구도 여러 개 있는 것이 바람직하다. 건물이 밀집된 도심부에서는 정면의 폭이 넓은 가게가 사람들에게 쉽게 인지되어 매출로 연결된다. 음식점에서는 특히 좌석 수가 매출에 크게 영향을 준다. 또, 가게의 입구가 중심도로에 접해 있는지 아닌지가 방문객 수와 매출을 크게 좌우한다.

손님이 편하게 들어올 수 있도록 정비하라 – 접근성

가게에 들어가는 게 얼마나 편한지 평가하는 기준이 '접근성'이다.

가게 앞 인도 폭이 넓으면 접근성이 좋다. 좁은 인도에서는 걷는 속도가 빨라져 가게를 그대로 지나칠 수 있기 때문이다. 주차장의 주차 대수나 차를 돌릴 수 있는 공간이 충분히 있으면 역시 접근성이 높다. 반대로 인도에 방치된 자전거는 접근성을 떨어뜨린다. 실제로 통행에 방해가 될 뿐만 아니라 손님들이 심리적으로 다가가고 싶지 않은 마음이 들기 때문이다. 비슷한 이유로 주차장 면적은 넓어도 입구가 좁으면 손님들이 접근하기 힘들다.

길가에 접한 빌딩 1층에 가게가 있으면 거부감 없이 들어갈 수 있다. 그러나 2층 이상이나 지하에 있으면 계단을 오르내리는 수고가 들고, 가게가 직접 보이지 않는 불안감에 방문을 꺼리게 된다. 이렇게 접근성에는 물리적인 면과 심리적인 면 두 가지 측면이 있다.

지금까지 알아본 좁은 범위의 입지요인과 달리 수 킬로미터 권내에서 매출에 영향을 미치는 것이 상권요인이다. 여기에도 5가지 요소가 있다. 시장 규모, 상권의 질, 포인트 규모, 자사 경쟁, 그리고 타사 경쟁이다.

애초에 충분한 인구가 있는가 – 시장 규모

시장 규모란 일반적으로 말하는 상권과 같은 개념이다. 오픈 예정인 가게의 반경 몇 킬로미터 안에 어느 정도의 사람이 있는지를 평가해 기준으로 삼는다. 가게 주변에 많은 주민이 살고 있거나 많은 직장이 모인 오피스 단지라면 그것만으로도 매출이 올라갈 가능성이 크다.

시장 규모는 특히 기업에서 새로운 지방이나 구역에 가게를 내기 위해 입지 전략을 세울 때 지역을 걸러내기 위한 지표로 사용할 수 있다. 기존 체인에서도 주위에 충분한 시장 규모가 있으나 매출이 늘지 않아 고민이라면 기업 차원의 지원 대책을 마련할 수 있다. 반대로 분석 결과 원래 상권의 인구가 충분하지 않았다면 철수를 생각하는 등 적정한 판단을 위한 데이터가 된다.

누가 우리 가게의 손님이 될 것인가 – 상권의 질

젊은 여성을 대상으로 한 의류 · 액세서리 가게를 오픈할 경우 주변 인구뿐만 아니라 타깃이 되는 여성이 어느 정도 있는지 분석해야 한다. 업종에 따라서는 성별이나 연령, 직업, 가족 수, 수입 등이 고려 조건이 된다. 이런 인구 구성을 '상권의 질'이라 부른다.

고층의 오피스 빌딩이 즐비한 오피스 단지, 공장과 창고가 늘어선 공업 단지, 아파트와 주택이 모여 있는 주택가는 각각 인구 구성이 명확히 구분된다. 오피스 단지는 확실히 평일 낮 시간의 인구가 많다. 그러나 이런 상황에서도 가게를 유지하기란 보통 일이 아니다. 지역에 오는 사람들의 목적이 명확하면 명확할수록 소비 행동이 일어나기 어려운데, 오피스 단지는 업무를 하러 오는 목적이 뚜렷하기 때문이다.

상권의 질에 따라 음식점이 잘 맞는 지역, 전문점이 성립되는 지역, 카페가 유행하는 지역이 달라진다. 가게를 오픈하기 전에 인구(시장 규모)와 통행량(포인트 규모) 조사는 물론 상권의 질을 파악하기 위해 시간을 들여 거리를 지나다니는 사람들의 복장이나 소지품, 걷는 속도 등을 관찰해서 분석할 필요가 있다.

얼마나 많은 사람이 지나다니는가 – 포인트 규모

가게 앞에 사람들이 얼마나 걸어다니고 있는지 혹은 도로에 자동차가 얼마나 오가고 있는지 나타내는 지표가 '포인트 규모'다. 사람 수는 통행량, 자동차 수는 교통량이라 불러 구별한다. 도심의 가게라면 통행량이, 교외 중심도로변의 가게라면 교통량이 깊이 관계된다.

포인트 규모는 사람 수나 자동차 수와 같이 구체적인 수치가 나오기 때문에 이해하기 쉽다. 신규 출점을 위한 조사에서 시장 규모와 함께 자주 사용되고 있다. 하지만 포인트 규모도 입지를 구성하는 요소 중 하나에 지나지 않는다. 통행량이나 교통량은 요일과 시간대, 날씨에 따라 크게 변하기 때문이다.

또 앞서 말한 상권의 질이 포인트 규모에도 영향을 끼친다. 걸어서 지나가는 사람, 자동차로 지나가는 사람들이 그대로 가게의 손님이 될 수 있을까? 지나가는 사람의 수가 많아 포인트 규모가 크다고 안심할 것이 아니라 사람들의 복장, 걷는 속도 등을 측정하여 그들이 어떤 사람인지 파악할 필요가 있다. 가령 천천히 걷는 사람은 강한 목적성을 갖지 않고 움직일 가능성이 높다.

제 살 깎아 먹기가 될 수 있다 – 자사 경쟁

경쟁을 의식하지 않는 기업은 없을 것이다. 그러나 대부분 타사와의 경쟁에 초점을 맞추고 기업 내 체인점 간의 경쟁을 의식하는 곳은 의외로 적다. 가게의 매출에 영향을 끼치는 쪽은 오히려 같은 기업의 다른 체인점인 경우가 많다.

가게가 다루는 상품, 가격, 제공 방법 등은 타사의 체인점과 조금씩 차이가 있다. 그러나 자사의 같은 체인점은 모두 동일하다. 고객으로서는 구별할 도리가 없다.

프랜차이즈 기업에서 실시하는 도미넌트 출점은 어느 일정한 지역 구석구석을 자사의 매장으로 채워 지역 점유율을 높이는 전략이다. 이런 전략은 물류의 효율성을 높이고 지역 내 체인점 인지도가 높아져서 기업의 브랜드파워를 올리는 데 도움이 된다. 하지만 문제는 자사 경쟁이다. 체인점을 확장하려고 하는 이상 자사 경쟁은 피할 수 없는 문제이기 때문에 도미넌트 출점을 시행하는 기업에서는 각 매장의 사업자에 대한 배려가 필요하다.

업종을 넘나드는 경쟁의 시대 – 타사 경쟁

대부분의 기업에서 강하게 의식하고 있는 것이 타사 경쟁이다. 타사와 취급하는 상품, 가격, 기능, 제공 방법이 유사한 정도에 따라 매출이 영향을 받기 때문에 이 네 가지로 경쟁의 정도를 평가할 필요가 있다.

타사 경쟁은 같은 업종에서만 일어난다고 한정할 수 없다. 특히 최근에는 업종의 장벽이 낮아져서 예상하지 못했던 가게와 경쟁을 하게 되는 경우도 많다. 예를 들어 패스트푸드나 커피, 도넛 등을 전문적으로 판매하는 가게 입장에서 이 모든 것을 저렴하게 판매하는 편의점은 위협적인 존재다. 또 전자상거래의 발달로 온라인에서 판매하는 다양하고 저렴한 상품을 구매하는 소비자가 늘고 있어 기존의 오프라인 매장은 위기에 처해 있다. 이처럼 여러 방면에서 타사 경쟁을 염두에 두고 신경을 곤두세워야 한다.

우리 가게는 어떻게 매출을 높일 수 있을까

입지요인 5가지, 상권요인 5가지를 합쳐서 모두 10개의 매출요인을 살펴봤다. 그런데 이 요소들이 어느 가게에나 똑같이 영향을 미치는 것은 아니다.

매출이 상권의 인구, 즉 시장 규모에 큰 영향을 받는 것은 가게마다 거의 공통적이다. 하지만 다른 요소를 살펴보면 어느 가게에서는 바로 앞의 통행량으로 측정하는 포인트 규모가 무엇보다 중요할 수도 있고 다른 가게에서는 가게의 출입구나 주차장 문제 같은 건물 구조나 접근성을 배려하는 것이 가장 중요할 수도 있다. 또 다른 가게에서는 자사 경쟁, 타사 경쟁에 주의하는 것이 최대의 과제가 될지도 모른다. 매출요인의 어느 요소가 얼마나 매출에 영향을 미치는지는 가게마다 다르다.

같은 체인점이라도 도심, 교외, 쇼핑센터 내부 중 어디에 있는지에 따라 각각의 입지 조건이 달라진다. 위치에 따라 매출에 영향을 미치는 요소의 가중치(중요성)가 달라지기 때문에 처음부터 이 세 군데를 나누어 입지를 분석해볼 필요가 있다. 세 군데 중 어디에 가게를 낼 것인지 매출요인의 각 요소를 관찰하고 수치화하여 매출을 보다 정확하게 예상할 수 있다.

이번 장에서는 대표적인 10가지 요소를 들었지만 실제로 가게를 살펴보면 접근성 하나만 보더라도 인구, 주차장 등 몇 가지 요소가 서로 복잡하게 영향을 미친다는 사실을 알 수 있다. 실제로 매출요인분석이나 매출 예측을 할 때 가게와 그 주변을 관찰하여 입지와 관련된 요소를 모두 추출하는데 그 수가 무려 수백 개에 이른다. 그 후 무엇이 크게 영향을 미치는지 가설을 세우면서 범위를 좁혀 최종적으로는 60~70개의 요소를 사용하는 경우도 많다.

　매출요인에 대해서는 제7장에서 다시 상세하게 다룰 예정이다. 우선 업종이나 체인점에 따라 각각의 매출요인이 얼마나 영향을 끼치는지 다음 장에서부터 구체적인 사례를 살펴나가도록 하자.

해외 점포 개설의 첫걸음은
시계성이다

여러 나라를 돌아다녀 보면 매출에 영향을 주는 입지 조건이 공통적이라는 사실을 알 수 있다. 그러나 나라마다 고객의 가치관이나 생활 스타일이 달라 매출에 영향을 주는 요소의 비중도 각각 다르다.

가령 일본과 마찬가지로 지하철이 다니는 나라에서는 지하철역 출입구가 사람이 이동하는 기점이 된다. 반면 지하철이 다니지 않아 버스 정류장을 기점으로 삼는 나라나 지역도 아직 많다. 고객 유도 시설 하나만 봐도 나라에 따라 받아들이는 방식에 크게 차이가 나는 것이다.

해외에 진출할 때 잊기 쉬운 매출요인의 한 가지는 시계성이다. 국내에서는 누구나 알고 있는 체인점이라도 외국 고객의 입장에서 보면 지명도가 낮아 수많은 가게 중 하나에 불과할 수 있다. 현지에서 성공하기 위해서는 고객의 일상적인 행동반경 안에서 가게가 눈에 띌 수 있도록 방안을 강구하는 게 중요하다.

해외 진출은 큰 투자를 동반하는 경우가 많고 만약 가게가 잘되지 않으면 좀 더 버텨야 하는지 폐점해야 하는지 재빠른 판단을 내리기가 어렵다. 해외 진출 시 초반의 출점 전략이 성사 여부를 판가름하는 열쇠가 된다. 초반의 실패가 계속되면 투자가 위축되기 쉽기 때문이다.

초기 단계에 성공하기 위해서 출점을 과학적으로 진행할 필요가 있다. 현지 손님의 구매 행동을 수치화해 가설을 세우고 그 가설을 바탕으로 계속해서 검증하고 수정하여 출점한다. 이 흐름을 미리 설계하고 수치를 근거로 삼아 판단하는 구조를 처음부터 구축해두는 것이 해외 진출 성공의 첫걸음이다.

입지는
살아 있는 생물이다

　제1장에서는 입지의 중요성을 강조하고 있다. 입지는 상가를 내는 데 있어 가장 기본적으로 고려해야 하는 요소다. 온라인 쇼핑과 배송이 중심인 이커머스 시대의 개막으로 입지의 영향력이 갈수록 줄어들고 있다지만, 그렇다고 해서 입지가 완전히 무용한 것은 아니다. 입지의 영향력이 50%까지 감소한다 하더라도 여전히 50%만큼의 영향력을 행사한다는 점을 우리는 기억해야 한다.

　본문에서 언급했다시피 입지를 파악할 때 한 가지 요소만 보고 섣불리 판단해서는 곤란하다. 마포구의 한 신축 아파트 단지 인근에 들어선 이탈리안 레스토랑이 대표적인 케이스다. 마포는 최근 주거 트렌드인 직주근접(직장과 주거 시설이 근접한 것)의 측면에서 주목을 받는 곳으로 특히 이 지역의 신축 아파트는 고소득 직장인들이 주거지로 선호하는 곳이다. 그래서 이 레스토랑은 신축 아파트에 거주하는 고소득 직장인들의 구매력을 노리고 과감하게 가게를 오픈했다. 아쉽게도 오직 이 한 가지 요소만 보고 말이다.

월 소득 500만 원을 버는 사람이 있다고 가정해보자. 500만 원을 버는 사람이 친구들과 약속을 잡고 식사와 술을 마시러 놀러가는 지역과 집 주변에서 쓰는 돈이 같을까? 그렇지 않다. 소비자들은 지역에 따라 쓰는 예산을 달리 책정한다.

번화가에서는 기분 좋게 한 끼에 수만 원씩 쓰는 사람도 자신이 사는 동네 인근에서는 구두쇠로 돌변한다. 공간에 따라 목적이 다르기 때문이다. 번화가는 소비를 위해 찾는 곳인 반면, 거주지는 휴식을 위한 생활의 공간이다. 그래서 아무리 부유한 사람도 거주지 인근에서는 돈을 많이 쓰지 않는다.

2017년 노벨경제학상 수상자인 리처드 세일러는 이를 '심리적 계좌'라고 지칭했다. 사람들이 용도에 따라 서로 다른 예산안을 책정하고 소비한다는 것이다. 그리고 그 용도를 가장 분명하게 구분하는 기준이 입지다. 일반적으로 주거지역은 예산 규모가 작고, 오피스 지역은 그보다 높으며, 번화가는 가장 높다.

결과적으로 이탈리안 레스토랑은 해당 지역의 인구 구조와 소득(책에서는 '시장 규모'와 '상권의 질')만을 고려했기에 입지 선택에 실패했다. 물론 입지 자체는 누가 봐도 나쁘지 않다. 하지만 그 입지가 이탈리안 레스토랑을 운영하기에 걸맞은 입지는 아니다. 가게 주인은 레스토랑을 내기 전에 그 지역 소비자들의 소비패턴과 소비성향에 어울리는 아이템이 무엇인지 조사했어야 한다.

업종이 무엇이냐에 따라서도 최적의 입지가 갈린다. 일반적으로 유통업에 가까울수록, 경쟁업체와 무엇이 다른지 내세우기 힘들수록 입지에 민감한 반응을 보인다. 그러므로 입지를 선택할 때에는 자신의 비즈니스 특성을 명확히 파악해야 한다.

특히 입지는 임대료라는 비용과 직접적인 관련이 있어서 그중요성이 더욱 크다. 예를 들어 편의점이나 통신사 대리점에 최적화된 입지는 가치가 높은 편이어서 임대료도 비교적 높게 책정된다. 이런 입지에 음식점이 들어서면 그만큼 사람들에게 많이 노출되어 음식점을 찾는 사람도 많아지겠지만, 그만큼 더 많은 임대료를 내야 하기에 비용 부담도 커진다.

결론적으로 입지를 고려할 때는 복학접인 요인을 모두 고려해야 한다. 한두 가지 요건이 좋다고 해서 그 자리를 섣불리 선택하면 곤란하다. 인구학적 요인과 소득, 동선, 소비패턴, 트렌드 등을 두루 파악하고 자신의 비즈니스에 어울리는지 판단해서 소중한 시간과 기회를 버리는 일이 없도록 하자.

"매출에 영향을 미치는 다른 요소는
나중에 바로잡을 수 있지만,
입지는 한 번 정하면 다시 바꾸기 어렵다는 점에서
무엇보다 중요하다."

돈과 사람을
끌어 당기는
입   지   의
비   밀

제2장

통행량의 함정을
조심하라

지나가는 사람이 많아도
망하는 가게는 있다

Location 통행량보다는
상권의 질이 먼저다

입지에서 '양보다 질'의 중요성

입지 분석을 할 때 가게 예정지 앞에 사람이 어느 정도 지나다니는지 조사하는 통행량 조사는 널리 사용되고 있는 방법이다. 몇 명이 지나다니는지 정확한 수치로 파악할 수 있어 누가 보더라도 확실히 납득할 수 있기 때문이다. 지역에 주민이 얼마나 거주하는지 분석하는 상권조사와 더불어 반드시 해야 하는 조사로 여겨질 만큼 자주 사용된다.

하지만 현실적으로 통행량은 요일이나 시간대에 따라 변동이 크기 때문에 정확하게 파악하는 것이 매우 어렵다. 자기 입맛에 맞는 통행량 데이터만 보고 가게를 오픈했다가 나중에 실수를 깨닫는 사례도 적지 않다. 매출 예측을 할 때 정밀도를 높이기 위해서는 통행량 이외의 요소도 빼놓지 말고 파악할 필요가 있다.

JR 도쿄역에서 북쪽으로 한 정거장 위에 있는 JR 간다역 부근은 전형적인 직장인들의 거리다. 야마노테선과 주오선, 두 노선이 지나가는 역이기도 해서 승하차객 수는 매일 약 20만 명(JR동일본 데이터 추산)에 이른다.

역 주변을 멀리서 바라보면 새로운 오피스 빌딩도 보이지만 거리 대부분은 지은 지 30년에서 40년은 지났을 법한 저층 빌딩이 빽빽하게 늘어서 있다. 이 거리에 끊임없이 사람들이 오가고 있다.

직장인의 거리라고 해도 신주쿠처럼 고층 빌딩이 늘어선 광경과는 다르게 붉은 등을 내건 포장마차 골목이 어울릴 법한 거리, 이른바 '아재들의 거리'라고 표현할 수 있겠다.

간다역의 서쪽 개찰구 부근에는 음식점이 모여 있다(그림 ②). 그중 한 프랜차이즈 기업의 음식점이 있다. A라고 이름 붙여보자.

소토보리 도로의 서쪽은 오피스 거리라서 이 구역에는 넥타이 차림의 직장인이 끊임없이 지나다닌다. A 음식점은 길모퉁이에 있어서 어느 쪽에서도 눈에 띄기 쉽다. 간다역에서 오피스 거리 쪽으로 갈 때는 물론 돌아올 때도 저절로 간판이 눈에 들어온다. 거기에다 A점은 직장인이 혼자 들어와서 식사를 하기에 최적화되어 있다. 그야말로 이 거리에 딱 맞는 가게여서 실제로 점심시간에 길게 대기 줄이 생길 정도다. 통행량이라는 포인트 규모에서는 충분히 합격점을 얻었다. 그런데 의외로 가게의 매출이 좋은 편이 아니다. 왜 그럴까?

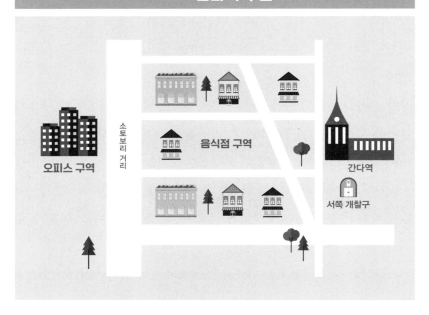

그림 ❷ **간다역 부근**

오피스 구역

소토보리 거리

음식점 구역

간다역

서쪽 개찰구

우선 이 거리에는 주말이 되면 사람이 현저히 줄어든다. 평일에는 사람이 충분히 지나다녀도 고객이 가게를 이용하는 시간이 극히 한정되어 있다. 게다가 이 거리에는 중장년의 직장인이 많은데 이들은 대개 오후 12시부터 1시까지 정확히 점심시간을 지켜 식사하는 경향이 강하다. 장년 나이대의 습관인지 회사의 방침 때문인지 가게에 들어오는 시간이 제한적이다. 오후 1시가 지나면 거리에 사람들의 통행은 있어도 가게로 들어오는 손님의 발길은 딱 멈춰버린다.

가게에서 점심 식사를 하는 데 걸리는 시간은 빠르면 15~20분 정도다. 음식점은 좌석 수에 제약을 많이 받는데 점심시간 1시간 동안 3회전, 많아도 4회전을 하는 것이 고작이다. 특정 시간 동안 가게 앞에 줄이 생길 정도의 수요는 있지만 이를 제대로 살리지 못했다. 통행량인 포인트 규모는 충분하지만 상권의 질을 살펴보지 못한 것이 함정이었다. A점 가까이 있는 편의점도 점심시간은 의아할 정도로 혼잡하지만 12시 반을 넘어가면 갑자기 손님의 발길이 뚝 끊긴다.

이런 오피스 단지에 있는 사람은 직장인으로 한정되어 있고 이들의 행동 패턴은 명백하다. 그래서 식당에 식사하러 오는 수요는 확실히 있어도 그 시간이 점심시간으로 한정되어 있어 가게를 계속 운영하는 것이 어렵다. 이와 대조적인 사례가 도쿄의 나카노다.

다양한 고객층이 모이면 매출은 6배 차이

도쿄도 나카노구, JR나카노역의 승하차객 수는 약 28만 명(JR동일본 데이터 추산)으로 간다의 약 1.4배 규모다. 역의 북쪽 개찰구를 빠져나가 바로 정면에서 시작되는 것이 나카노 아케이드 상점가다. 전체 길이 200m가 넘고 110개의 가게가 모여 있어 일본에서도 손에 꼽는 대형 상가다. 이 상점가 앞으로는 쇼핑센터와 주거지가 합쳐진 복합빌딩인 나카노 브로드웨이가 있다. 이곳을 목적지로 하는 사람이 끊임없이 나카노 아케이드 상점가를 통과한다(그림 ③).

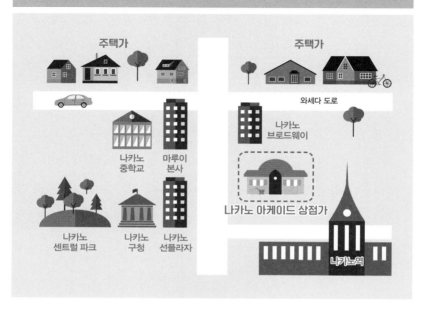

그림 ③ 나카노역 부근

주택가

주택가

와세다 도로

나카노
브로드웨이

나카노 아케이드 상점가

나카노역

나카노
중학교

마루이
본사

나카노
센트럴 파크

나카노
구청

나카노
선플라자

여기에 간다의 A점과 동일한 체인점 식당이 무려 두 개나 오픈했다. 본래 B점 한 곳뿐이었지만 C점이 출점했다. 매출은 한 가게당 A점의 약 3배에 달한다. 두 가게를 합치면 6배, 즉 지역으로 보자면 간다와 나카노에서는 매출 차이가 6배나 된다. 도대체 무엇이 다른 것일까?

우선 JR나카노역의 승하차객 수는 JR간다역의 1.4배로 확실히 많고 나카노 아케이드 상점가는 일본에서도 유수한 상점가 중 하나다. 그렇다고 해도 두 지역은 가게 앞을 지나가는 사람의 수(포인트 규모)를 측정했을 때 크게 차이가 나지 않는다.

차이는 바로 사람의 수가 아니라 '상권의 질'이다. 나카노는 상점가를 지나가는 고객층이 간다와 다르게 두텁다. 주요 연령층은 40~50대이지만 위로는 60~70대 혹은 그 이상도 있다. 또 그런가 하면 10~20대의 젊은이도 많고 휴일이 되면 어린 자녀를 데리고 나온 가족의 모습도 볼 수 있다.

그뿐만 아니라 상점가 북쪽에서 동쪽에 걸쳐 주택가가 넓게 펼쳐져 있고 그곳에서 출퇴근이나 등하교를 위해 역으로 오는 사람들이 많다. 역을 오가면서 이 상점가에 들르는 사람도 많을 것이다. 또 나카노역에서 선로 변 서쪽 건너편에 대학 캠퍼스가 있어 학생들의 모습도 많이 볼 수 있다. 역의 북서쪽 블록에는 구청과 콘서트홀을 비롯해 호텔, 레스토랑, 스포츠클럽 등이 있는 나카노 선플라자가 있어서 다른 지역에서 유입되는 수도 많다.

나카노는 이렇게 여러 사람이 한자리에 모여 있고 행동 패턴 또한 다양하다. 이것이 음식점 B, C에 대단히 유리하게 작용할 수 있었다. 이 동네 사람들의 점심시간은 12시부터 1시까지라고 정해져 있지 않다. 가게를 오픈하는 오전 11시 직후부터 사람들의 모습이 보이기 시작해 12시 점심시간에는 거의 만석을 이루고 그 이후에도 계속 사람이 모인다. 오후에서 저녁까지 손님의 발길이 끊어지는 일 없이 밤까지 연결된다.

이렇듯 간다의 중장년 직장인과 나카노의 다양한 사람들의 행동 패턴 차이가 매출의 차이로 이어진다는 사실을 알 수 있다. 나카노의 고객층도 범위를 좁혀보면 정해진 행동 패턴이 있겠지만 워낙 고객층이 다양하게 모이다 보니 그 폭이 상당히 넓어졌다.

또 나카노에서 B점, C점의 성공 요인은 체인점의 특성에 있었다. 이 체인점 식당은 혼자 와도 괜찮고 여러 명이 들르기도 좋다. 먹는 양도 고를 수 있어서 정말로 배가 고플 때나 약간 출출할 때 언제든지 이용할 수 있다. 가격도 저렴해서 학생들도 많이 이용할 수 있다. 다채로운 상권의 질을 보유한 만큼 사람들이 지닌 다양한 요구 조건을 모두 충족시키는 특성을 지녔기에 성공할 수 있었다.

간다에 있는 A점의 경우 가게 입장에서는 다양한 층위의 사람을 받아들일 기반이 있음에도 불구하고 고객층이 식사 시간에 제약이 있는 직장인으로 제한되어 매장의 특성을 살릴 수 없었다.

한편 나카노의 B점이 번창하다 보니 기업에서는 상점가 북쪽에 C점을 냈다. 걸어서 오갈 수 있는 정도여서 아무래도 자사 경쟁의 문제가 대두되었다. 그래도 구역 전체의 점유율을 높이기 위해 약간의 피해를 감수한다는 각오로 두 번째 가게 C점의 출점에 박차를 가했다. 그런데 의외로 이후에도 B점의 매출이 내려가지 않았다. C점도 뒤따라 B점 정도의 매출을 올리기 시작해 두 가게의 매출을 합치면 간다에 있는 A점의 6배가 된 것은 이미 서술한 바대로다.

이렇게 대학생이 많은데 왜 가게는 항상 바뀌는가?

통행량이라고 하는 포인트 규모를 측정했다 하더라도 어떤 사람이 걸어 다니는지에 대한 상권의 질을 파악하지 않으면 매출로 연결되지 않는다.

간다와 나카노 외에 또 한 곳, 눈에 들어오는 예가 있다. 도쿄 JR이케부쿠로역의 서쪽 개찰구에서 걸어서 10분 정도 거리에 있는 릿쿄대학으로 가는 도로다(그림 ④).

이케부쿠로역의 승하차객 수는 하루 110만 명(JR동일본 데이터 추산)으로 신주쿠의 150만 명에 이어 2위의 규모다. 특히 JR역 동쪽에 있는 복합 상업 시설 선샤인시티 중심에 위치한 초고층 오피스 빌딩인 선샤인60으로 통하는 길은 인파로 무척 혼잡하다. 역의 서쪽 도보로 10분 정도 거리에 릿쿄대학까지 오면 꽤 조용하지만 오고 가는 사람의 수는 상당하다. 이 정도의 통행량, 즉 포인트 규모가 있으면 가게를 열기에 충분하다고 생각할 것이다. 실제로 대학 근처에 있는 작은 상업 빌딩에는 지금까지 수많은 임차인이 가게를 냈다. 하지만 다들 오래 가지 못하고 철수하고 말았다. 왜 이런 현상이 반복되는 것일까?

여기에서도 상권의 질이 문제다. 확실히 통행하는 사람의 수는 충분하고 실제로 측정한 포인트 규모에서도 높은 점수를 얻었으나, 대부분 학생이 그 비율을 차지하고 있었다. 학생들 스스로는 자유롭게 행동한다지만 간다의 중장년 직장인과 마찬가지로 비즈니스적인 측면에서 보

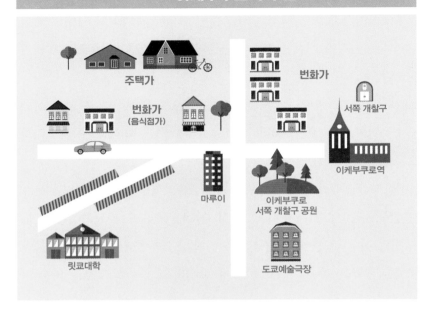

그림❹ **이케부쿠로역 부근**

주택가

번화가

번화가
(음식점가)

서쪽 개찰구

마루이

이케부쿠로
서쪽 개찰구 공원

이케부쿠로역

릿쿄대학

도쿄예술극장

면 행동 패턴이 대단히 한정적이다.

우선 학생들은 일요일과 쉬는 날에는 학교에 오지 않는다. 또 낮에만 대학교에 머물고 밤에는 대부분 모습을 보이지 않는다. 그리고 무엇보다 여름과 겨울에 긴 방학이 있다. 이 기간 동안 많은 사람이 지나다니던 도로의 풍경이 갑자기 한산해진다. 물론 밤까지 공부에 힘쓰고 휴일에 동아리 활동을 위해 학교에 나오는 학생도 있겠지만 극히 일부일 뿐이다. 일요일과 휴일, 여름과 겨울의 방학을 합치면 반년 정도가 되니 약 1년의 절반은 장사가 되지 않는다고 생각할 수밖에 없다.

하지만 이곳에 가게를 내기 위해 잠깐 보러온 사람이라면 이를 알아 채기 어렵다. 많은 학생이 바로 앞을 지나다니는 가게를 보고 저렴한 가격의 음식점을 열면 대박이라는 생각에 빠질 것이다. 실제로 평일에 통행량 조사를 하면 충분한 수치가 나오겠지만 정작 가게를 열면 부진을 면하지 못한다.

이케부쿠로역 앞과 비교하면 릿쿄대학 부근의 임대료는 비교적 싸다. 거기에 끊임없이 임차인이 계속 바뀌기 때문에 건물주가 지금보다 임대료를 더 내릴 가능성이 있다. 하지만 그 사실만 보고 장사가 잘될 것이라고 판단하면 안 된다. 단기간에 빈번하게 임차인이 바뀌는 것은 이런 이유가 있기 때문이다.

물론 이 입지라도 가능성이 전혀 없는 것은 아니다. 이자카야를 생각해 볼 수도 있다. 저렴한 가격의 체인점이라면 학생들의 미팅이나 뒤풀이 등에 이용되어 번창할 수 있다. 그렇지만 아무래도 긴 방학이 큰 타격일 것이다. 이자카야는 메인 고객을 학생으로 상정해도 직장인이 없으면 꾸준히 유지되기 어렵다.

이 부근에서는 패스트푸드와 같은 학생 대상의 음식점이 오픈했다가 폐점하는 일이 반복되고 있다. 그야말로 이 구역만의 특수성이다. 참고로 이런 환경에서도 살아남는 것이 편의점이다. 학생 말고도 근처 주택이나 사무실의 사람들이 부담 없이 와서 물건을 사기 때문이다. 그만큼 다양한 연령층과 소비자를 대상으로 운영되는 편의점은 상권의 질에 크게 영향받지 않는 막강한 비즈니스 모델이라는 걸 체감할 수 있다.

왜 패스트푸드 매장을 열 때
슈퍼마켓부터 조사할까?

배달 전문점이 뒷골목에 있는 이유

지금까지 통행량과 상권 인구 등 포인트 규모만 고려하고 상권의 질을 깜빡하면 큰 함정에 빠져버리는 사례를 살펴보았다. 그러나 이와는 다르게 냉정한 관점으로 상권의 질을 판단하고 출점 계획을 세우는 패스트푸드 체인점이 있다. D 기업이라고 이름 붙여보자. 우리는 예전에 이 체인점이 오픈하려고 하는 구역의 상권의 질 조사를 맡았던 적이 있다.

패스트푸드 매장은 크게 3종류로 나뉜다. 하나는 먹고 마시기 위한 공간을 확보해 영업하는 매장 중심 가게, 음식을 먹는 공간은 최소한으로 줄이고 오로지 테이크아웃으로 장사를 하는 가게, 마지막은 배달 중심 가게다.

매장 중심의 가게는 가게 내부에서 점원이 고객의 주문을 받고 고객은 그 장소에서 음식을 먹는다. 테이크아웃 가게에서는 상품을 받아서 돌아간다. 둘 다 가게로 와서 받아가는 형태라 가게가 '역 앞에 있는가', '사람의 통행이 잦은가'를 비롯한 고객 유도 시설과 포인트 규모가 매출에 큰 영향을 미친다. 바로 가게가 있다는 것을 알아챌 수 있는 시각 인지성도 빠질 수 없는 요소다. 무엇보다도 소비자의 눈에 띄지 않으면 가게 자체가 성립될 수 없다.

하지만 배달 매장에는 이런 배려가 필요 없다. 상품을 만들 수 있는 공간과 배달용 오토바이 주차장만 있으면 된다. 또 전화 주문을 받기 위해 가게를 홍보해야 하지만 위치까지 알릴 필요는 없다. 이 가게는 배달과 전단지 배포를 위해 얼마나 편리한 거점이 될 수 있느냐가 입지 선정의 기준이 된다.

배달 중심 가게였던 D 패스트푸드점은 실제로 아파트 앞의 반지하나 좁은 뒷골목에 주로 가게를 냈다. 매장 중심의 가게라면 상상할 수 없는 장소지만 배달하는 데는 아무 문제 없었다. 매장이라기보다는 제조와 배달의 거점 역할이었다. 이런 곳은 임대료도 저렴하다. 이 체인점에서 고객 유도 시설과 포인트 규모, 시각인지성은 결코 중요한 요소가 아니다. 중요한 것은 시장 규모와 상권의 질이다. 매장의 배달 범위 내에 충분한 인구가 있는지, 패스트푸드를 부담 없이 주문할 수 있는 사람들이 존재하는지 여부를 중점적으로 살펴봐야 한다.

패스트푸드 가게를 열기 위해 슈퍼마켓을 조사하는 이유

이 구역의 상권의 질을 알아보기 위해 우리가 조사한 것은 구역 내 슈퍼마켓의 존재였다. 패스트푸드점 상권분석인데 왜 슈퍼마켓 조사부터 했을까? 경쟁 여부를 알아보기 위한 것이 아니었다. 해당 지역의 가정에서 얼마나 요리를 열심히 하고 있는지 파악하고 구역의 배달 수요를 추측하기 위함이었다.

구역 내에 식재료를 파는 슈퍼마켓이 많으면 아마도 각 가정에서는 요리에 품을 들이고 있는 것이 분명하다. 그렇다면 패스트푸드를 주문하는 빈도는 한정적일 것이다. 반대로 슈퍼마켓이 적다면 각 가정에서 요리를 열심히 하기보다 패스트푸드를 이용할 가능성이 커진다. 물론 이것만으로는 입지를 파악하기에 부족하다. 지역의 세대 인구수 등 다른 조사 결과를 첨가하여 추측의 정밀도를 높여야 한다. 예를 들어, 구역 내의 주택가에서 세대별 인구수가 많으면 요리를 하고 있을 가능성이 크다. 반대로 세대별 인구수가 적으면 독신 가정이 많다는 뜻이기 때문에 패스트푸드를 이용하는 빈도가 높아진다. 몇 가지 추가적인 정보를 조합하여 그 구역에서 매장을 열어 충분히 매출을 올릴 수 있을지 판단하려고 한 것이다.

결과는 성공적이었다. 패스트푸드 이용률이 높을 것이라고 확신하는 구역을 발견할 수 있었고, 그곳에 점포를 집중하는 도미넌트 방식으로 한꺼번에 출점하여 D 기업은 급성장할 수 있었다.

시장 규모, 즉 지역의 인구와 세대별 인구는 자료를 조사하면 알 수 있다. 또 포인트 규모는 통행량과 교통량 조사를 하면 파악할 수 있다. 이는 실제로 많은 기업에서 입지를 정하는 기준으로 사용하는 방법이다. 그러나 정말로 성공하는 가게를 만들려면 그곳에 어떤 사람이 살고 있는지까지 알아야 한다.

각 가정에서 얼마나 요리에 중점을 두고 있는지는 아무리 시장 규모나 포인트 규모를 조사한다 해도 알 수가 없다. 이를 알기 위해 '지역 내에 슈퍼마켓이 적으면 패스트푸드를 많이 시켜 먹을 것이다'와 같은 가설을 세운 후 다양한 정보를 조합하여 이 가설의 사실 여부를 판단해야 한다. 이 과정을 통해 정밀도 높은 매출 예측이 가능해진다.

슈퍼 옆에서 성공하는
패스트푸드점의 조건

반찬 가게 옆에서 치킨을 팔아라

앞에서 서술한 예에서 우리는 '지역에 슈퍼마켓이 많으면 집에서 직접 요리하는 가정이 많아 패스트푸드점 이용을 자제할 것'이라는 가설을 근거로 조사를 시행했다. 슈퍼마켓이 적을수록 패스트푸드 주문은 증가하기 때문에 슈퍼마켓과 패스트푸드는 마이너스의 상관관계에 있다고 가정한 것이었다. 확실히 이 가정이 맞았고 덕분에 체인점이 진출할 만한 구역을 찾는 일에 성공했다. 하지만 다루는 상품에 따라서 패스트푸드점과 슈퍼마켓의 관계가 완전히 반대가 되는 케이스가 있다.

치킨을 판매하는 E 패스트푸드점은 특이하게도 슈퍼마켓 옆에 있는 가게의 매출이 높다. E 체인점과 슈퍼마켓은 서로 플러스의 상관관계로 상당한 친화성을 보이는 것이다. 이 경향은 특히 쇼핑센터 안에서 두

드러진다. 쇼핑센터, 백화점 같은 상업 시설에는 반드시 중심이 되는 식료품 매장이 있다. E 체인점은 이 매장과 가까우면 가까울수록 매출이 늘어났다. 구입한 사람을 관찰해보니 그 이유를 알 수 있었다.

주로 장을 보기 위해 식료품 매장에 간 주부가 간 김에 E 패스트푸드점에 들러 치킨을 샀다. 가게에서 먹으려는 것이 아니라 집에 가져가서 아이들의 간식으로 주거나 식사할 때 반찬으로 내놓기 위해서였다. 한 끼 식사를 대체하는 것이 아니라 반찬을 사는 연장선상에서 치킨을 사는 것이다. 이런 이유로 슈퍼마켓과 가까우면 가까울수록 치킨이 잘 팔렸다. E 체인점은 신규 출점을 하는 경우에도 가능한 슈퍼마켓 옆에 내는 것이 바람직하다. 고객의 입장에서도 이용하기에 편리하므로 착실하게 매출을 올릴 수 있다.

E 패스트푸드점은 단독 대형마트 안에 작은 공간을 임차해서 출점하거나 복수의 대형 상업 시설이 커다란 주차장을 둘러싼 형태로 모인 네이버후드형 상업 시설의 부지 내에 작은 가게를 내기도 한다.

고객은 치킨을 사서 바로 먹는 것이 아니라 어디까지나 슈퍼마켓에 장을 보러 간 김에 하나 더 구입하게 된다. 테이크아웃이 주요한 판매 방식이 되기 때문에 가게 공간이 넓을 필요가 없다. 약간의 좌석만 있어도 충분해서 저렴한 임대료로 운영 가능하다는 것이 장점이다.

제품 제공 방법에 따라 입지가 달라진다

매출요인에 대입해서 생각해보자. 상권 내에 반찬을 사서 돌아가는 주부가 많다면 주부의 수가 상권의 질을 측정하는 지표가 된다. 이 지표는 곧 구역에 패스트푸드점이 들어갈 수 있는지 판단할 수 있는 근거가 된다.

또 E 체인점에 있어 슈퍼마켓이 일종의 고객 유도 시설의 역할을 한다. E 체인점은 출점할 때 고객 유도 시설로서 기존의 슈퍼마켓을 파악하면 된다. 더 나아가 쇼핑센터 내 어디에 출점하면 좋을지 고려하려면 동선을 살펴보는 게 좋다. 고객 유도 시설의 하나가 쇼핑센터 내 식료품 매장이라면 다른 고객 유도 시설이 되는 쇼핑센터 출입구라든지 주차장 출입구 사이에 이 패스트푸드점이 있는 게 바람직하다.

실제 사정은 더 복잡하다. 쇼핑센터 안에서는 식료품 매장 외에도 특별한 식재료를 다루는 전문점이 있을지도 모른다. 아이들의 간식이나 저녁 식사 반찬을 사러 오는 사람은 쇼핑센터 안의 그런 가게를 여러 곳 돌아다니게 된다. 기업의 입장에서 그 길목을 읽고 선상에 패스트푸드점을 내면 자연적으로 고객의 눈에 들어와 매출로 연결될 것이다.

같은 상품을 취급해도 매장 중심, 테이크아웃, 그리고 배달이라고 하는 세 가지 형태가 있다고 언급했다. 쇼핑센터 안에는 같은 패스트푸드 체인점이 식료품 매장 옆에 테이크아웃 매장으로 출점하는 동시에 식료품 매장 안에 매장 중심 가게를 내는 경우가 있다. 매장 중심 가게는 다른 음식점과 함께 한군데에 모이는 편이 이점이 크다. 이 경우 식료품 매장이나 다른 레스토랑, 음식점이 고객 유도 시설로 작용한다.

도심에서는 주로 매장 중심 가게의 매출이 높다. 특정한 목적을 가진 사람들이 외부에서 끊임없이 유입되는 장소로, 일을 하거나 쇼핑을 하러 오는 사람은 길가나 공원 같은 야외에서 패스트푸드를 먹는 것보다 가게에 들어가서 먹는 쪽을 선호한다. 관광지나 쇼핑 구역에서도 마찬가지다. 노는 목적, 쇼핑 목적으로 가는 곳이라면 사람들은 배가 고프면 가게에 들어가서 먹는 경우가 많다.

반대로 주택가라면 고객은 테이크아웃을 선택하는 경우가 많다. 앞에서 서술한 것과 같이 간식이나 반찬으로 가져가는 경우가 많기 때문이다. 주택가에서는 배달 중심의 가게도 보이지만 가게의 성립 여부는 D 체인점의 사례에서 보듯이 다루는 상품과 상권의 질과의 관계에 달려 있다.

매장 중심 · 테이크아웃 · 배달의 세 가지 형태에 따라 영향을 주는 매출요인의 가중치도 다르다. 매출요인분석도 세 가지 형태별로 나누어서 진행하면 그 경향을 파악할 수 있어 더 정확한 판단이 가능하다.

새롭게 가게를 낼 때 이 세 가지 형태 가운데 어느 것을 중심으로 할지, 두 가지 이상을 혼합해서 운영하는 경우 어떻게 힘을 배분할지, 입지의 특성을 잘 읽어내고 판단할 필요가 있다.

빠르게 성장하는 나라는
상권도 빠르게 변한다

　다양한 국가에서 다양한 업종의 매장이 올리는 매출 상황을 파악해 보면 아침 매출이 높은 곳이 있고 밤 매출이 높은 곳도 있다. 또 평일의 매출이 높은 가게가 있는가 하면 주말의 매출이 높은 가게도 있다. 당연한 얘기지만 상권의 질(이용하는 고객의 질)이 다르므로 그 상권의 수요에 상응하는 시간대에 매출(수요)이 높아지는 것이다.

　주택가의 음식점이라면 밤과 주말에 이용이 많고 상업지구의 음식점이라면 점심시간과 저녁 이후에 수요가 높아진다. 간편한 식사만 제공하는 카페라면 오후 시간이나 아침 식사 시간대에 수요가 높아진다. 이는 고객의 수요가 그 시간에 발생하기 쉽기 때문이다. 높은 매출을 올리고 싶으면 진출할 구역에 사람이 얼마나 많고, 얼마나 통행하는지 뿐만 아니라 자사를 이용해줄 고객이 어느 정도 있는지 살펴보는 시각이 필요하다.

　한편 성장 과정에 있는 나라에서는 소득의 상승이나 환경변화가 일어나기 쉽기 때문에 상권의 질(수요)이 변화하는 스피드가 빠르다. 대규모 아파트 단지나 상업 시설 개발에 의해 상권 자체가 크게 변화할 가능성도 있다. 따라서 해외에 가게를 내는 경우 매장의 장점을 살릴 수 있는 수요가 모인 상권의 질을 기준으로 출점 방향을 정해야 한다. 그와 동시에 해당 국가의 고객이 요구하는 가치에 유연하게 대응하는 것도 중요한 요소다.

『골목의 전쟁』 김영준의 입지분석 2

사람은 같아도
소비는 다르다

　제2장은 해당 상권에 소비자가 많더라도 다 같은 소비자가 아니라는 사실을 이야기한다. JR간다역과 JR나카노역 상권 비교는 상권에 소비자 구성이 얼마나 중요한지 보여주는 사례다. 간다역 인근 상권은 오피스 중심 상권으로 직장인이 활동하는 순간에만 활기를 찾는 지역이다. 우리나라로 치면 주요 벤처기업이 밀집한 업무지구나 아파트형 공장 단지 등이 여기에 해당한다. 이런 지역들은 철저히 해당 지역의 오피스 근무자 수요에 의지하므로 평일 심야나 주말에는 상권지 자체가 텅텅 비어 버린다.

　대립 상권으로 제시한 나카노역 인근 상권은 간다역보다 소비자 구성이 다양한 지역이다. 40~50대 비중이 가장 높지만, 60대

이상과 10~20대도 다수 목격된다. 이렇게 상권의 인구 구성이 다양하기 때문에 특정 시간에만 붐비는 간다 상권과 달리 나카노 상권은 항상 소비자들로 가득한 모습을 보인다.

비즈니스에 따라 다르긴 하지만 대부분 가게 공간에서 수용할 수 있는 소비자의 수는 제한되어 있다. 그렇기에 기왕이면 소비자들이 특정 시간대에 집중되는 것보다는 고루 분포되어 방문하는 게 더 높은 매출을 기대할 수 있다. 특히 하루 평균 유동 인구가 비슷할수록 매출 차이는 심해진다. 또한 다양한 소비자층은 해당 지역에 다양한 비즈니스가 들어설 수 있는 원동력이 된다. 그만큼 그 상권에 활기를 더해주는 것이다.

그러나 여기서 잊지 말아야 할 사실은 임대료와 비즈니스의 특성 관계다. 만약 제2장에서 예시로 든 간다와 나카노의 임대료가 같다면 후자가 압도적으로 좋은 상권이고 여기에 점포를 집중시키는 게 올바른 선택이다. 하지만 일반적으로 이렇게 양 지역의 차이가 있을 경우에는 그 차이가 임대료에 반영되게 마련이다. 따라서 절대적인 기준으로는 나카노 상권이 더 좋을지 몰라도 임대료와 비즈니스의 특성을 고려한다면 간다의 상권이 상대적으로 더 좋은 경우도 존재할 수 있다.

앞에서 예로 든 프랜차이즈 레스토랑은 추측건대 전 연령대가 고루 이용할 수 있는 매장으로 보인다. 이 경우엔 비즈니스 자체가 간다와 같은 오피스 상권보다는 나카노의 다양한 연령대로 구성된 상권에 걸맞다. 반대로 직장인이 많은 비즈니스 지역이라면 간다 상권도 딱히 나쁜 입지는 아니라고 볼 수 있다.

그래도 다행인 건 두 사례 모두 그나마 주중 수요가 기반이 되어 추가적인 매출을 기대할 수 있다는 점이다. 정말 안 좋은 상권은 주말만, 또는 성수기에만 수요가 집중되는 관광지 같은 지역이다. 평일 수요와 주말 수요의 격차가 클수록, 짧은 성수기와 긴 비수기의 수요 격차가 클수록 좋은 입지가 아니다. 이런 상권의 임대료는 비수기의 매출을 기준으로 삼아야 한다. 만약 비수기에도 손실 없이 영업을 지속하면서 성수기의 혜택을 온전히 누릴 수 있다면 입지로서의 가치를 인정할 수 있다.

최적의 입지를 판단하고 선택하는 데 있어 비즈니스의 특성을 이해하는 일은 매우 중요하다. 주된 수요가 배달 중심이라면 가급적 많은 지역을 커버하면서도 임대료가 가능한 지역을, 테이크아웃 중심이라면 유통업종이 선호하는 유동 인구가 집중되는 지역이 최적의 입지라 볼 수 있다. 이런 지역은 임대료가 다소 높더라도 회전율을 극대화하는 방안으로 매출을 끌어올릴 수 있기 때문이다.

현재 우리나라는 배달앱 시장의 성장으로 배달과 테이크아웃의 입지가 다소 겹쳐 있는 상황이다. 기술과 환경의 변화가 이 영역의 경계를 모호하게 바꾸었다. 그러므로 장차 입지를 고민하는 사람은 기술과 환경의 변화가 자신이 이루려는 비즈니스에 어떤 영향을 미치게 될지 꼼꼼하게 따져보기 바란다.

"입지에서 중요한 건 사람이
'얼마나 지나다니느냐'가 아니라
'왜 지나다니느냐'이다."

돈과 사람을
끌어 당기는
입   지   의
비   밀

제3장

접근성과 시계성을
높여라

눈과 발이 편안한 장소에
손님이 모인다

보다 넓은 영역의 고객이
제 발로 찾아오는 가게

역 사이에 비집고 들어온 경쟁 편의점에 맞서다

통행량 조사를 통해 포인트 규모를 조사하고 구역의 시장 규모를 알기 위한 상권조사도 했다. 이제 가게를 열어 예측대로 매출을 올리면 성공이다. 그러나 경영환경은 늘 변하게 마련이다. 갑자기 경쟁점이 출현하는 경우가 대표적이다.

앞으로 거론할 내용은 가게를 도로 건너편으로 이전하여 경쟁에 맞설 수 있었던 편의점의 사례다(그림 ⑤). 일본의 가장 큰 섬인 혼슈 중앙부 주부 지방의 한 도시에 있던 F 편의점은 경쟁으로 떨어진 매출을 회복했을 뿐만 아니라 이전 매출의 2.2배까지 높일 수 있었다. 길 건너편으로 이전한 것뿐이어서 시장 규모와 포인트 규모는 변하지 않았다. 그럼에도 불구하고 매출을 크게 늘릴 수 있었던 이유는 여러 매출요인 중

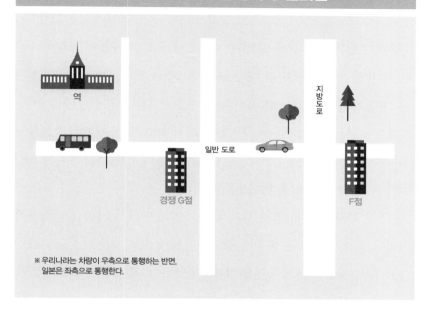

역

지방도로

일반 도로

경쟁 G점

F점

※ 우리나라는 차량이 우측으로 통행하는 반면,
  일본은 좌측으로 통행한다.

어떤 요인이 정말로 매출에 영향을 미치고 있는지 철저히 살폈기 때문이다.

F점은 원래 중·저층 아파트 1층에 있었다. 주위는 주택가였고 블록의 모퉁이에 위치했다. 가게 앞에는 4대분의 주차장을 갖추어 주변의 주택가나 바로 앞 도로에서 자동차로 들를 수 있었다. 도로변을 따라 남쪽으로 조금만 가면 중학교도 있어서 아이들이 통학 도중에 곧잘 드나들었다.

그야말로 입지가 좋아서 매출이 꽤 좋았다. 그런데 어느 날 갑자기 경쟁점이 나타난 것이다. 그곳을 G점이라 부르도록 하자. 경쟁사 G점은 F점과 같은 도로변에서 서쪽으로 도보 3~4분 정도 거리에 들어섰다.

주택가 안에 편의점이 또 하나 생겼으니 당연히 매출에 영향이 생겼다. 하지만 특히 문제가 된 것은 경쟁사 G점의 위치였다. G점은 F점에서 가장 가까운 거리의 역 사이에 들어섰다. F점에서 경쟁 G점까지는 도보 3~4분이고 그대로 쭉 가면 큰길까지 또 2~3분, 거기서 오른쪽으로 꺾어서 4~5분 정도 가면 전철역에 도착한다. 경쟁점인 G점은 대담하게도 F점과 역 사이에 끼어들듯 가게를 낸 것이다.

F점은 역에서 10분 정도 거리에 있지만 출근하는 사람들의 이용을 의식할 필요가 없었다. 아침에 주택가에서 역으로 가는 사람들은 뭔가 사고 싶은 것이 있어도 F점을 이용하기보다는 역 주변의 편의점을 이용한다. 목적지가 되는 역 부근에서 물건을 살 확률도 크다. 직장에 가까운 편의점에 가는 것이 편하기 때문이다. 굳이 집 근처에서 물건을 사서 붐비는 전철을 타지 않는다.

하지만 저녁부터 밤까지의 시간대에 사정은 뒤집힌다. 역에서 주택가로 돌아오는 사람들에게 F점은 집에서 가깝고 편리한 가게다. 물건을 사서 짐은 좀 늘어나더라도 집이 가까우면 부담이 적다. 집에 돌아가기 전에 잠깐 들르기에 딱 좋은 가게가 F점이었다.

경쟁점인 G는 그런 손님을 빼앗아 갔다. 퇴근하는 사람들이 F점에 도착하기 전에 손님을 모두 쓸어간 것이다. 실제로 F점의 평일 밤 매출은 날로 줄어들었다.

입지란 한 번 정하면 바꾸기 어렵기 때문에 이런 경우 일반적으로 매장 운영 개선에 힘을 쏟는 방안밖에 없었겠지만, 다행히 F점 건너편에는 넓은 땅이 비어 있었다. 바로 맞은편이어서 그 앞을 달리는 자동차 수나 보행자 수, 즉 포인트 규모는 변화가 없었다. 또 이동이 수십 미터에 불과해 시장 규모와 상권의 질도 그대로였다.

그러나 단지 이전한 것만으로는 같은 결과밖에 얻을 수 없었다. 이런 상황에 우리 회사로 문의가 들어온 것이다. 과연 자리를 옮겨 매출을 회복시킬 수 있을지, 이전할 때 무엇을 어떻게 개선해야 할지 우리는 고민해야 했다.

보다 넓은 영역에서 고객을 뺏기고 있었다

처음에 경쟁점인 G점은 위치적인 면에서만 위협이 된다고 생각했다. G점은 F점과 역 사이에 자리를 잡아 역에서 돌아오는 고객을 모두 빼앗아 갔기 때문이다. 그런데 실제로 G점을 가보고 의외인 점을 발견했다. G점은 차량 15대를 주차할 수 있는 주차장을 갖추고 있었다. 게다가 가게 앞에 여유를 가지고 자동차를 돌릴 수 있는 넓은 공간이 있었다.

F점에게 경쟁점 G점은 그저 역 근처에 자리 잡아 도보 고객을 빼앗는 것처럼 보였다. 그러나 위협적인 부분은 거기에 그치지 않았다. '자동차

로 방문하는 고객'이라는 더 넓은 영역까지 영향력을 미치고 있었던 것이다. 도보 고객뿐만 아니라 더 많은 고객들도 빼앗겼다는 사실에 아연실색할 수밖에 없었다. 하지만 다행히도 이 발견은 F점에 역전의 기회를 가져왔다.

분명히 말하건대 역에서 귀가하는 도보 고객을 다시 끌어들일 방법은 거의 없다. 역에서 F점 사이에 사는 사람은 역에서 돌아오는 길에 집을 지나쳐 일부러 F점에 들를 리가 없다. 역과 집 사이에 있는 경쟁점인 G점을 이용하면 된다. 그리고 이 사정은 F점이 맞은편 지역으로 옮긴다고 해도 바뀌지 않는다.

F점보다 안쪽, 동쪽 지역에 사는 사람들의 구매 형태도 크게 변하지 않는다. 원래 동쪽에 사는 사람들은 F점에서 쇼핑하는 것이 자연스럽다. 짐을 들고 집까지 이동하는 거리가 짧기 때문이다. 체인점의 종류가 달라도 편의점의 상품 구성은 거의 같다. 결함이 있는 상품을 다루지 않도록 조심하면 이들 고객은 앞으로도 F점을 이용할 확률이 높다. 매장이 이전하고 새 단장을 하면 그 효과로 이용객 수가 일시적으로 늘어날 수는 있겠지만 장기적으로 뭔가 바뀌지는 않는다.

하지만 주차장을 정비한다면 얘기는 다르다. 도보 고객 외에 넓은 지역에서 손님의 방문을 기대할 수 있다. 실제로 경쟁점 G는 그런 이유로 15대를 수용할 수 있는 주차장을 갖추었다.

그래서 F점도 이전할 때 사용이 아슬아슬한 수준의 대지까지 주차장

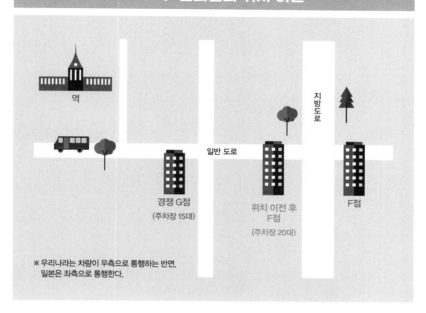

역

지방도로

일반 도로

경쟁 G점
(주차장 15대)

위치 이전 후
F점
(주차장 20대)

F점

※ 우리나라는 차량이 우측으로 통행하는 반면,
일본은 좌측으로 통행한다.

으로 만들었다. 결과적으로 F점에서는 20대를 수용할 수 있는 주차장을 갖추었고, 자동차를 편하게 돌릴 수 있는 넓은 공간도 마련했다. 경쟁점 G보다 5대 많이 주차할 수 있게 된 것이다. 그 결과 5대라는 실제 대수 차이 이상의 효과를 올릴 수 있었다.

F점은 역에서 도보로 오는 손님을 잡을 수 없었지만, 이전할 때 주차장의 확충을 가장 우선시하여 차로 이동하는 넓은 지역의 고객을 대폭 유입시키는 데 성공했다.

F점은 원래 교차로의 신호등이 있는 모퉁이 위치에 있었다(그림 ⑥). 건너편으로 이전해도 모퉁이에 있는 것은 변함이 없다. 동서로 뻗은 도로는 경쟁점 G점과 공통된 길이지만, 다른 쪽으로 교차하는 남북으로 뻗은 도로는 넓다. 두 도로의 어느 쪽이든 자동차로 들어갈 수 있는 것은 예전과 다를 바 없어도 주차장을 넓게 확보하여 들어오는 길이 확실히 편해졌다. 경쟁점 G점도 모퉁이에 위치하지만, 그쪽 구역에서 남북으로 뻗은 도로는 차보다 보행자의 통행이 많은 생활도로다. 신호도 없고 차의 왕래는 한정되어 있다. 이에 반해 F점은 넓은 도로변에 위치하여 개방감이 매우 뛰어나고 주차장에 들어가기도 쉽다. 물리적·심리적 접근성이 크게 개선된 것이다.

이에 더해 남북으로 뻗은 도로에서 가게의 존재를 쉽게 알아차릴 수 있도록 간판 설치 아이디어를 냈다. 편의점은 일반적으로 높은 위치에 간판을 단다. 하지만 이렇게 하면 남북을 달리는 도로의 가로수에 가려 보이지 않을 가능성이 있다. 그래서 일부러 간판을 낮게 설치해 어느 정도의 속도로 달려도 운전자의 눈에 쉽게 들어오도록 했다.

결과적으로 F점은 원래 아파트 1층에 있어서 별로 눈에 띄지 않는 가게였는데 넓은 부지로 이전하면서 100m 앞의 운전자들도 쉽게 찾을 수 있게 되었다. 이전을 통해 시장 규모와 포인트 규모는 바꾸지 못했지만, 주차장이라는 건물 구조를 재검토하여 접근성과 시계성을 대폭 향상시킨 것이다. 그리고 예전보다 더 넓은 지역에 있는 고객을 모을 수 있었다.

결과는 이미 말한 대로다. 매출은 단숨에 2.2배가 됐다. 바꿀 수 있는 요소를 찾아내고 그 안에서 무엇을 우선적으로 개선할 것인지에 대한 판단에 따라 매출은 크게 달라진다.

Location 📍 평범한 가게도 특별하게
　　　　　　 만들어주는 입지의 힘

세븐일레븐을 업계 1위로 만든 치밀한 입지 전략

편의점은 일반적으로 어느 체인점이라도 다루는 상품이 거의 비슷하다. 상품 구비나 가격대도 비슷하고 커피머신과 복권을 판매하는 서비스도 유사하게 갖추고 있다. 패스트푸드나 커피, 도넛류 등의 신상품도 하나의 체인점에서 다루기 시작하면 다른 곳에서도 곧 따라서 내놓는다. 일반 소비자라면 편의점에 들어갔을 때 어떤 체인점인지 구별하는 게 어려울 것이다.

그러나 체인점마다 독자성이 있어서 해당 편의점에서만 살 수 있는 PB(프라이빗 브랜드) 상품이 있다거나 서비스면에서 작은 차이가 있다. 거기에 더해 상품의 공급과 전시, 판촉 등 운영의 차이가 모여 매출에 영향을 미친다. 그리고 또 하나, 입지를 얼마나 중시하는지가 체인점마다 크게 달라서 매출의 차이로 이어진다.

일본의 편의점 중 단연 돋보이는 곳은 세븐일레븐이다. 모든 매장의 매출액 합계는 40조 820억 원(2015년 2월 기준)으로 2위인 로손의 19조 3000억 원(같은 기준)의 2배 이상이다. 세븐일레븐 매장은 총 1만 8,000개인 반면 로손은 1만 3,000개라 매출 합계 차이가 클 수밖에 없다. 그러나 매장 한 개당 평균 매출액으로 계산해보면 세븐일레븐의 강세가 더 선명해진다. 세븐일레븐의 매장 한 곳당 일일 판매가 650만 원을 넘지만 로손, 패밀리마트는 모두 500만 원으로 1위와의 차이가 100만 원 이상이 된다.

무엇이 다른 걸까? 매해 새로운 상품이나 서비스를 선점할 수 있는 자본력을 갖춘 1위 체인점이니까? 전문가들은 소비자의 요구를 잘 파악하는 것이 차이라고 말한다. 또 독보적인 운영 노하우를 갖고 있고 결함상품이 없기 때문이라고 분석하기도 한다. 확실히 그들의 철저함은 남다르다.

하지만 또 하나 놓쳐서는 안 될 요소가 입지다. 세븐일레븐은 출점할 입지에 대한 철저한 조사를 바탕으로 꼭 내야 할 곳에 가게를 낸다. 그리고 한 지역을 정해 거기에 일정 기간 집중적으로 출점하는 전략을 취한다. 물류망을 정비한 다음에 도미넌트 출점으로 지역 내의 체인점 점유율을 한꺼번에 다 차지한다. 매장 하나하나에 대한 입지도 절묘하다. 상권의 규모, 즉 시장 규모가 있는 구역을 잡아두고 그 가운데 역세권,

간선도로변, 교차로의 모퉁이 등 사람이나 차가 모이는 고객 유도 시설을 놓치지 않는다. 큰 주차장을 위한 넓은 대지를 확보하는 것도 잊지 않는다. 건물 구조나 접근성도 배려하면서 치밀한 계획을 바탕으로 신규 출점을 진행한다.

때로는 다른 체인점 바로 앞이나 근처에 출점하기도 한다. 이런 공격적 태세에 대해선 말이 많다. 그러나 세븐일레븐은 애초에 계획한 대로 낼 만한 곳에 낸 것뿐이다. 그런 가게는 출점 후에도 대부분 계획대로 매출을 올려 순탄하게 운영된다. 반대로 갑자기 바로 앞에 세븐일레븐이 들어서서 놀란 경쟁점은 그대로 경쟁에서 밀려나고 만다.

세븐일레븐이 우리 회사같이 매출요인을 이용해서 출점 계획을 세우는지는 알 수 없다. 다만 비슷한 사고방식을 가지고 계획적으로 과학적인 입지 선정을 하는 것임은 분명하다. 그 치밀함이 가게의 매출로 연결되고 기업 전체의 성장으로 이어지는 것이다.

앞에 서술한 사례에서 경쟁점으로 출점했던 G점은 세븐일레븐이었다. 반석같이 단단한 입지에 출점한 경쟁점 G점에 비해 F점은 애초에 손쓸 방법이 없는 것처럼 보였다. 하지만 냉정하게 경쟁점 G점이 가진 요소를 관찰하여 분석한 결과 F점이 이전할 때 '주차장의 대수'와 같이 무엇을 가장 중시해야 할지 찾을 수 있었다. F점은 경쟁점 G점보다 많은 주차장 대수를 확보하는 것으로 그 치밀한 입지 전략에 대항할 수 있

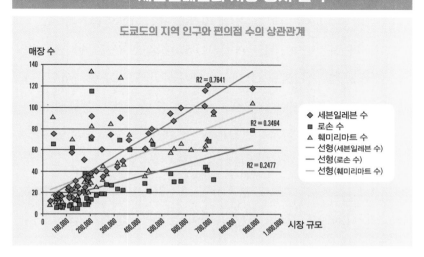

그림 ❼ 세븐일레븐의 시장 중시 전략

도쿄도의 지역 인구와 편의점 수의 상관관계

매장 수

140
120
100
80
60
40
20
0

R2 = 0.7641
R2 = 0.3494
R2 = 0.2477

◆ 세븐일레븐 수
■ 로손 수
△ 훼미리마트 수
― 선형(세븐일레븐 수)
― 선형(로손 수)
― 선형(훼미리마트 수)

0 100,000 200,000 300,000 400,000 500,000 600,000 700,000 800,000 900,000 1,000,000 시장 규모

었다. 출점에 허점이 보이지 않는 업계 1위 체인점의 입지를 과학적으로 볼 수 있으면 반드시 답을 찾을 수 있다.

세븐일레븐이 출점한 지역을 편의점 체인별로 도표화하면 세븐일레븐은 착실하게 시장 규모가 있는 곳에 도미넌트 출점 전략을 취하고 있는 것을 알 수 있다(그림 ⑦).

역 내부는 시장 규모가 풍부한 강력한 입지

편의점 업계에서 압도적인 힘을 가진 세븐일레븐이지만, 좋은 입지를 확보하면 확실히 매출이 오른다는 걸 보여주는 사례도 있다. 바로 편의점 New Days(이하 뉴데이즈)이다. 뉴데이즈의 매장 수는 500개에 불과해서(2015년 7월 기준) 1만 8,000개 매장을 가진 세븐일레븐과 비교 대상은 아니다. 하지만 1일 평균 판매량이 570만 원으로 세븐일레븐 다음으로 업계 2위를 차지하고 있다. 이뿐만이 아니다. 가게 면적이 세븐일레븐을 비롯한 다른 체인점은 99㎡(약 30평)인 데 비해서 평균 50㎡(약 15평)으로 그 반에 불과하다. 면적은 반 정도인데 일 판매량은 업계 2위를 기록하고 있어 평당 효율로 따지면 단독 1위가 된다.

뉴데이즈는 JR동일본의 관련 회사인 JR동일본 리테일넷이 운영하고 있다. 그렇기 때문에 역 내부에 자리 잡아 엄청난 수의 사람들이 이용할 수밖에 없어 다른 편의점을 크게 따돌리며 단위면적당 효율을 올릴 수 있었다. 예를 들어 도쿄 JR시나가와역의 1일 평균 환승객은 약 120만 명을 헤아린다. 시나가와역 개찰구의 내부에는 역 안쪽으로 쇼핑 구역이 정비되어 있고 그 안에서도 편의점이라고는 JR동일본 그룹에서 운영하는 상업 시설인 에큐트시나가와 뉴데이즈뿐이다. 흔히 말하는 완전 독점 상태다.

다른 역에서도 사정은 마찬가지다. '역 안'이라고 하는 폐쇄된 공간의 혜택을 받는 입지에 있으면서 하루 평균 약 1,600명이라는 방문객을 확보하여 세븐일레븐 하루 평균 방문객인 1,000명을 훌쩍 넘어선다. 막대한 환승객이라고 하는 포인트 규모가 있고 경쟁이 없는 좋은 조건인 역 안이라면 편의점뿐만 아니라 음식점, 소매점을 가리지 않고 높은 매출을 기대할 수 있다.

　결과만 보면 역 안의 뉴데이즈가 매출을 올릴 수 있는 것은 당연하다. 하지만 이 특별한 입지를 발견해서 개발한 JR동일본과 관련 회사의 선견지명에 주목해야 한다. 뉴데이즈의 사례를 통해 입지 그 자체로 매출을 얼마든지 올릴 수 있다는 사실을 확인할 수 있었다.

소비 가치관과 국민성도
입지 조건 중 하나다

　대만의 도로변을 보면 맥도날드가 다른 음식점보다도 확실히 우위를 다진 입지에 출점하는 것을 볼 수 있다. KFC나 일본의 덮밥 전문점 요시노야 등은 주차장 없이 진출하는 반면 맥도날드는 20대 이상의 주차장을 보유하고, 드라이브스루 기능을 갖추고서야 출점한다.

　맥도날드의 브랜드파워와 자금력이 있기에 가능한 일이다. 여기에 더해 맥도날드는 내부적으로 입지를 정할 때 여러 가지 가설을 구축하고 실험을 통해 검증하여 그 데이터를 새 매장에 반영하는 시스템을 갖추고 있다. 높은 매출이 보장되는 확실한 입지에만 출점하는 것이다.

주차장의 대수가 많다

⇒ 더 많은 고객이 주차장에 차를 대고 이용할 수 있다

가게 면적이 넓다

⇒ 많은 상품을 진열해 고객에게 제공할 수 있다. 많은 좌석에 고객이 식사하

러 올 수 있다

위와 같이 입지 조건은 나라를 막론하고 공통적인 부분이 있다. 그러나 해외의 고객에게는 나름의 독특한 가치관과 방문 목적이 있기 때문에 국내에서 성공한 입지가 반드시 해외에서 성공한다는 보장은 없다. 해외에 진출할 때는 나라에 따라 다른 고객의 수요에 대비하여 확실한 입지 조건일 때 출점하는 것이 중요하다.

시찰 건으로 대만 시내를 방문했을 때 15m 정도 떨어진 장소로 세븐일레븐이 이전하고 있는 현장을 맞닥뜨렸다. 건물의 노화 등으로 이전하는 것일 수도 있지만, 역에서 가까운 모퉁이 입지의 면적이 넓은 곳으로 이전하는 것을 보니 전략적인 이전이었다고 생각된다.

더 좋은 입지 조건으로 출점하는 것은 단순히 매출이 증가하는 것뿐만 아니라 경쟁점의 출점을 억제하는 효과도 있다. 단기적으로는 투자 비용이 들더라도 긴 안목으로 보면 더 큰 이익을 기대할 수 있다. 일본 내에서는 독보적인 힘을 자랑하는 세븐일레븐이라도 해외에서는 최적의 입지를 찾아 지금도 시행착오를 계속하고 있는 것이다.

교통 인프라를 따라
소비도 움직인다

제3장의 내용은 한국과 일본의 차이를 유의해서 봐야 한다. 우선 일본의 경우 1974년에 대형소매점의 영업시간과 영업일, 출점 등을 제한하는 대점법을 마련했다. 그러나 이로 인한 사회적 부작용과 통상 압력으로 인해 2000년에 대점법을 폐지하고 대형소매점에 대한 규제를 완화한 대점입지법을 새로 제정했다. 그 뒤 대형소매점들은 비용 감소와 사회적 책임에 따른 부담을 줄이기 위해 도시 내의 점포를 줄이고 교외지역에 주로 출점을 늘려왔다. 바로 이 부분에서 주로 도시 중심부에 출점을 하는 국내 대형마트와 차이가 있다.

편의점처럼 거의 동일한 상품을 취급하는 유통업종은 앞에서 얘기한 것처럼 입지가 가장 압도적인 힘을 발휘하는 비즈니스다. 그래서 저자들은 역을 이용하는 도보 이용객을 포기하고 대신 차를 타는 사람들을 위해 주차 여건을 개선하는 한편 노출도를 높이는 방향으로 대응했다. 하지만 이 역시 우리나라의 사정과는 다소 차이가 있는 부분이다.

도시 안쪽보다 교외에 대형소매점이 위치한 일본은 퇴근길에 차를 몰고 가까운 편의점을 방문하는 게 가능하지만, 우리나라는 도심지에 위치한 마트를 찾는 게 더 괜찮은 선택이다. 퇴근길에 소량의 상품을 구매할 때도 집에 주차를 하고 인근의 편의점을 방문하는 게 보통이다. 더구나 우리나라는 대중교통과 보행 동선을 위주로 출점을 하기에 만약 보행 동선에서 우위를 빼앗겼다면 일본의 사례보다 더 상황이 안 좋을 수 있다.

이번 장에서는 무엇보다도 입지에 있어서 교통과 주 동선의 중요성을 이해하는 방향으로 포인트를 잡는 것이 좋다. 소비자들에게 접근성과 가시성을 높이라는 말은 사람들이 주로 다니는 주요 핵심 동선에 가깝게 위치하라는 말과 크게 다르지 않다.

상권과 입지에 있어 대중교통은 매우 큰 영향을 미친다. 사람들이 주로 이용하는 승용차가 1~3명 정도의 고객을 실어 나르는 데 비해 버스는 50~60명, 지하철은 1량에 100명이 넘는 승객을 태울 수 있다. 1회 수송에 실어 나를 수 있는 인원의 차이가 크기 때문에 상권에서 입지는 지하철 유무와 버스 정류장 유무, 그리고 승용차를 주차할 공간에 따라 갈린다.

결국 대중교통 인프라가 잘 갖춰진 곳일수록 입지에서 보행 동선이 중요하며, 인프라가 미비할수록 주차 공간과 차량 동선이 중요하다. 지하철역, 버스 정류장, 그리고 차량이 주로 오가는 대로를 중심으로 사람들이 어디로 어떻게 움직이는지 지도 위에 표시하고, 직접 답사를 하면서 실제 동선과 보행량, 이동 패턴 등을 면밀하게 파악해서 입지를 선정하도록 하자.

"무엇이든 동선으로 보는 습관을 가지면,
입지의 좋고 나쁨이 선명하게 보인다."

돈과 사람을
끌어당기는
입　지　의
비　　　밀

제4장

업종을 살리는 자리,
죽이는 자리

논 한가운데 카페가
성공할 수 있었던 이유

📍 # 가깝고 사람 많은 도시보다
멀지만 주차 편한 시골이 낫다

아침저녁으로 끊임없이 다양한 고객이 모이는 곳

도호쿠 지방에 있는 어느 도시. 지방도로변에 있는 H 체인 카페는 주변에 파친코 가게가 있는 것 외에는 온통 논으로 둘러싸여 있다. 그런데 이 카페가 오픈하는 매일 아침 7시만 되면 50대 이상 되는 주차 공간이 대부분 들어차고, 가게 문이 열림과 동시에 사람들이 안으로 쏟아져 들어간다. 카페에서는 오전 11시까지 음료에 토스트를 무료로 주는 모닝 서비스를 하고 있는데 평판이 좋아서 아침 일찍부터 고객들이 모여드는 것이다.

이뿐만이 아니다. 낮이 되면 중장년 여성 고객이 늘어난다. 여러 명이 그룹으로 와서 즐겁게 담소를 나누다가 돌아간다. 주말이나 휴일에는 가족 단위의 고객으로 떠들썩하다. 이들에겐 같이 나눠 먹을 수 있는 대

용량 샐러드와 샌드위치 종류가 인기다.

일본 도심을 살펴보면 카페가 정말 많다. 해외에서 들어온 체인점을 포함해 세련된 카페가 여기저기 늘어나고 있다. 전부 커피나 홍차 등 음료 종류를 제공하는 것은 물론 샌드위치와 달콤한 빵 등 가벼운 요깃거리를 갖추고 있다.

이런 카페는 보통 역 앞에 몰려 있다. 하지만 H 체인 카페는 대부분 도로변의 단독 건물로 운영되는 노면 상권의 매장에 위치해 있다. 자동차의 왕래가 매우 잦은 국도와 같은 간선도로변에 위치하는 경우도 있지만 2차선 지방도로변에 있는 가게도 있다.

무엇보다도 주목할 만한 사실은 앞서 말한 사례처럼 주변이 온통 논이나 밭이 펼쳐진 가운데에 위치한 가게도 있다는 점이다. 이 매장뿐만 아니라 H 체인 카페는 주변이 논이나 밭인 것과 관계없이 많은 매출을 올리고 있다. 논과 카페는 아무리 생각해도 어울리지 않는 조합 같지만 각각의 매장은 확실히 높은 매출을 올리고 있다. 왜일까?

이 지역 생활권에는 자동차가 필수적이다. 누구나 이동할 때 자동차를 이용하고 성인이 되면 1인 1대의 자동차를 보유하는 것이 보편적이다. 겉으로 보기에는 논밖에 보이지 않아 인구밀도가 낮지만 자동차로 이동하는 생활권이기 때문에 대단히 넓은 범위까지 상권이 될 수 있다. 이 지역의 고객은 자동차를 이용해서 수 킬로미터는 물론 20km 떨어진 곳의 가게까지도 갈 수 있다.

이렇게 넓은 상권 설정이 가능하면 충분한 시장 규모를 얻을 수 있다. '자동차를 자기 다리처럼 사용하는 사람들'이 존재한 덕분에 H 체인 카페는 생각보다 훨씬 다양한 고객층을 잡을 수 있었다. 아침 출퇴근 중에 모닝 서비스를 찾아오는 남성 손님부터 오후 느긋한 시간에 잠시 여유를 즐기고자 하는 여성 고객까지 남녀노소를 막론하고 모두 이 카페를 찾았다.

특히 2~3시간 즐겁게 담소를 나누다가 돌아가는 여성들이 많았다. 물론 이들도 자동차를 이용했다. 아마 이 시간을 자유롭게 쓸 수 있는 것을 보면 오전에 남편과 아이들을 챙겨주고 난 뒤 한숨 돌리기 위해 카페를 방문한 전업주부들일 것이다. 이 가게는 주말이 되면 또다시 가족 단위 손님으로 북적거렸다.

H 체인 카페는 평일 아침을 제외하면 주 고객층이 여성이었다. 여유가 있는 여성들, 즉 아이들이 어느 정도 컸고 육아에서 벗어난 중장년 여성들이 이 가게의 평일 낮 주요 고객이었다. 이런 중장년 여성들이 상권의 질을 충족하는 고객으로 발전한 것이다.

멀리서도 잘 보이는 제 역할을 하는 간판

이 지역에는 충분한 시장 규모가 있고 '자동차를 자기 다리처럼 사용하는 사람'이나 '여유가 있는 중장년의 여성'이라고 하는 상권의 질이 있다는 것을 알 수 있었다. 여기까지 살펴보면 논 한가운데에 카페를 내는 것이 오히려 이익일 수도 있겠다는 생각이 든다.

게다가 이런 카페는 멀리에서도 잘 보이는 높은 간판을 세울 수 있다. 건물이 밀집한 도로 가운데는 전선이나 가로수가 시야를 방해한다. 또 간판을 달 때 주변 상가도 배려해야 하고 때에 따라서는 허가가 필요한 경우도 있다. 그러나 가게가 넓은 대지에 있으면 많은 문제가 해결된다. 낮에는 물론이고 야간에도 멀리에서 카페의 간판을 발견할 수 있다. 시계성이 높은 것만으로도 가게의 존재를 인지하고 방문하는 고객은 늘어난다.

멀리 떨어진 상태에서 간판을 발견한 운전자가 매장 가까이에 오면 가게 그 자체가 눈에 들어오게 된다. H 체인 카페는 특히 독특한 매장의 외관이 잘 알려져 있다. 넓은 논은 그 특색 있는 가게의 모습을 운전자들의 눈에 띄게 하는 최적의 장소였다. 간판과 매장 인테리어 덕분에 그 자체로 시계성과 주지성이 향상된 것이다. 간판이 눈에 들어오고 그다음에 가게가 보인다. 거기에 카페의 따뜻한 불빛과 편안하게 앉아 있는 사람들의 모습까지 보이면 잠시 쉬었다 가고 싶은 생각이 절로 들 것이다.

가게에 들어가야 할지 말아야 할지 고민하는 사람에게 문제가 되는 것 중 하나가 주차장이다. 자동차 운전자라면 주차 공간을 찾기 위해 고

생해본 경험이 몇 번씩 있을 것이다. H 체인 카페에서는 그럴 걱정이 전혀 없다. 안내 간판에 따라 핸들을 꺾으면 편하게 주차장에 들어갈 수 있다. 넓은 대지를 확보한 덕분이다.

길이 인도하는 대로 부지에 들어서면 50대 이상 들어갈 수 있는 넓은 주차장이 기다리고 있다. 도심에서는 상상도 할 수 없지만 논 한가운데라서 가능하다. 넓은 주차장은 특히 중장년의 여성들을 비롯해 운전이 서툰 사람들에게 고마운 존재다. 앞뒤로 공간이 충분하면 차를 돌리거나 후진하기도 편하고 세우는 장소에 따라서는 후진을 하지 않아도 된다. 도심의 좁은 주차장에서 다른 자동차와 접촉하지 않으려고 식은땀을 흘리면서 주차하는 것과는 천양지차다. 입지에서 접근성이 중요한 이유다.

편히 쉴 수 있는 공간은 추가 주문을 부른다

H 체인 카페에서는 기본적으로 테이블을 사이에 두고 서로 마주 앉는 4인석이나 6인석을 주요 좌석으로 설치했다. 패밀리 레스토랑이 연상되는 구조다. 이러한 건물 구조는 평일에 방문하는 여성 그룹의 손님들이 쓰기에 편하다. '중장년의 여성들'이라고 하는 상권의 질을 고려해 설계된 것이다.

4인석이나 6인석이 많으면 주말, 휴일에 방문하는 가족 단위 손님들도 편하게 이용할 수 있다. 물론 차를 마시러 방문한 두 사람이나 모닝 서비스를 위해 혼자 가게를 방문하는 사람도 편한 시간을 보낼 수 있다. 도심에 있는 카페는 매장 중심형 가게여도 자리가 좁고 딱딱해서 불편한 경우가 많다. 점원들은 습관처럼 "편안한 시간 보내세요"라고 말하지만 딱딱한 의자를 참아가며 시간을 보내는 사람이 얼마나 될까?

높은 임대료를 회수하기 위해서라도 제한된 시간 동안 조금이라도 많은 고객을 들이고 싶은 것이 도심 카페의 속마음이다. 현실적으로 테이블 회전율은 가게의 수익에 직결되기 때문이다. 하지만 H 체인 카페에서는 편하게 쉴 수 있는 좌석 배치에 더해 잡지나 읽을거리를 풍부하게 갖추는 등 오히려 고객이 장시간 앉아 있도록 만들었다. 그리고 그 노림수는 멋지게 들어맞았다. 고객은 장시간 이용하면서 자연스럽게 추가 주문을 하게 된 것이다.

H 체인 카페는 샌드위치나 샐러드같이 양이 많아서 여러 명이 나눠 먹기에 적절한 메뉴를 선보이고 아이나 여성이 좋아할 만한 쿠키나 케이크 종류도 다양하게 갖추고 있다. 카페를 장시간 이용하는 중에 고객은 배가 고파져 요깃거리를 주문하고 디저트까지 추가로 주문하는 사람도 많다. 편하게 쉬기 좋은 건물 구조와 풍부한 메뉴는 고스란히 매출로 연결된다.

'자동차를 자기 다리처럼 사용하는 사람', '여유가 있는 중장년의 여성'들이 쉽게 발견하고 들어가 편한 시간을 보낼 수 있다는 점은 H 체인 카페만의 독자적인 부가가치였다. 이런 요소들이 서로 멋지게 연결되어 '논 한가운데의 카페'를 성공으로 이끌었다.

지금은 카페를 이용했던 사람들이 인터넷에 올린 안락함이 느껴진다는 긍정적인 후기가 널리 퍼져 있다. 평소 쉽게 가게를 방문할 수 있도록 시계성, 주지성, 접근성을 향상시키고, 편안한 건물 구조로 느긋하게 시간을 보낼 수 있도록 배려해온 H 체인 카페의 자세가 '안락함'이라는 종합적인 평가로 이어진 것이다.

상권을 넓게 잡으면 잡을수록 비집고 들어오는 경쟁점도 많아진다. 다행인 사실은 카페 체인점 대부분은 역 앞을 비롯해 오로지 도심에만 눈길을 주고 있다는 것이다. H 체인 카페와 같이 한적한 길 위에 자리 잡는 것은 어쩌면 기회가 될 수 있다.

Location 📍 # 편의점이 나간 자리에서
성공하는 휴식형 체인의 비결

도심 바깥을 노리는 마사지 숍의 출점 전략

휴식형 체인은 마사지 숍과 같이 피로한 몸을 풀기 위해 부담 없이 이용할 수 있는 곳이다. 업무 스트레스가 늘어나고 컴퓨터, IT 기기 사용 증대로 눈의 피로와 어깨결림으로 고생하는 현대인들의 수요가 높아지면서 급성장하고 있다.

체인을 늘리는 기업도 다수 나타났지만, 그중에서도 주목을 받고 있는 가게가 여기에서 소개할 I 체인 마사지 숍이다. I 체인 마사지 숍은 2010년에 회사를 설립하고 5년 만에 전국에 매장을 400개로 확장했다. 규모와 스피드 모두 유례가 없을 정도로 빠른 속도로 성장하고 있다.

그 비결 가운데 하나는 낮은 가격이다. 다른 마사지 숍 체인의 거의 반값인 가격이 많은 소비자를 끌어들여 매장을 확장할 수 있었다. 또 하나의 이유는 가게가 모두 직영점이지만 일하고 있는 마사지사는 종업원이 아니라 업무 위탁계약을 맺은 개인사업자라는 점이다. 계약을 맺은 사람에게 하나의 가게를 통째로 맡기는 형태여서 매출 일부는 본사로 가고 남은 것은 본인의 수입이 된다. 별도의 투자금 없이 가게를 맡기 때문에 제한이 없고 독립적인 운영이 가능하다. 이런 구조 덕분에 개인의 재량으로 고객과 신뢰를 쌓으면서 매출을 불리는 가게가 늘어 체인 전체가 급성장할 수 있었다.

마지막 결정적 비결은 가게의 입지에 있다. 많은 휴식형 체인이 역 앞 등 도심부에서 매장을 늘린 것에 비해 I 체인 마사지 숍은 도로변을 중심으로 매장을 늘렸다.

통행량이 적은 도로, 그 틈새시장을 노린다

도로변에 있는 매장이라고 하면 보통 교외에 있는 대형마트나 가전제품 전문점, 의류 판매점과 같은 큰 매장을 떠올린다. I 체인 마사지 숍은 이런 간선도로변에도 있지만 오히려 국도가 아닌 지방도로나 마을 도로에 더 많이 위치하고 있다. 그리고 통행량이 적은 도로변에 있는 가게일수록 장사가 더 잘되는 경향이 있다.

사이타마현 지방도로변에 있는 매장도 그런 매장 중 하나다(그림 ⑧). 지방도로가 교차하는 곳의 넓은 부지 안에 165m²(약 50평) 정도의 가게

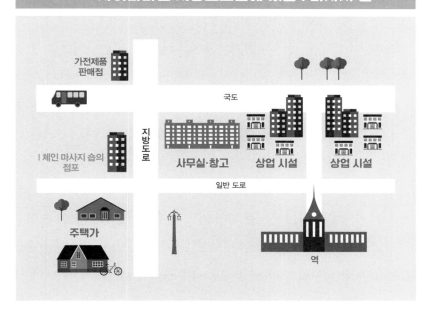

그림 ❽ 사이타마현 지방도로변에 있는 I 마사지 숍

가전제품
판매점

국도

지방도로

I 체인 마사지 숍의
점포

사무실·창고

상업 시설

상업 시설

일반 도로

주택가

역

가 있고 자동차 15대분의 주차장을 마련해두었다. 사실 이 자리는 원래 편의점이었다. 철수한 편의점 건물을 통째로 인수해 가게를 연 것이다.

가게의 남동쪽으로 걸어갈 수 있는 위치에 JR역이 있고 북쪽으로 조금만 걸어가면 쇼핑센터와 같은 상업 시설이 시작된다. 그 주변에 사무실과 창고 등이 늘어선 구역이 계속된다. I 체인 마사지 숍은 그보다 앞쪽으로 주택가가 시작되는 입구에 위치하고 있다.

주택가 입구에 위치한 것이 큰 장점이다. 역과 주택가, 거기에 상점가라는 고객 유도 시설이 가까이에 있고 이 모든 것을 연결하는 동선 위에 가게가 있다. 또 바로 앞은 지방도로라는 동선이 있고 넓은 부지라는 혜택 받은 건물 구조도 갖추고 있다.

주택가의 입구에 있어서 가게의 주요 이용자는 주민들이었다. 도로변이라고 해서 넓은 범위의 고객 유치만을 노리지 않았다. 어디까지나 지역 밀착 전략으로 주민들이 집 근처의 가게를 방문하도록 의도했다. 주민들이 쉽게 올 수 있다는 점에서 주택가의 입구라고 하는 입지는 편의성이 높은 위치였다.

두 지방도로의 교차점에 있으면 어느 쪽 길에서도 들어오기 쉽다. 실제로 이 가게에는 넓은 부지를 살려 어느 쪽에서도 들어올 수 있는 입구와 출구를 만들었다. 또한 운전자 입장에선 대기 장소가 넓은 주차장을 갖춘 것 또한 대단히 고마운 일이다. 쉽게 들어올 수 있을 뿐 아니라 나갈 때도 불편할 일이 없다. 신호가 있는 교차로에 있어서 어느 쪽 길로 나가더라도 차의 흐름이 멈추는 틈에 길로 나갈 수 있기 때문이다. 이것이 국도 같은 중심도로가 아니라 지방도로, 생활도로변에 있는 가게가 유리하다고 하는 이유다.

재방문하기 쉬운 뒷골목 가게가 사실은 잘되는 가게

마트나 가전제품 판매점, 의류용품점 등 교외의 도로변에 매장을 내는 일반적인 대형 체인은 매장의 크기부터가 눈에 띄어서 도로를 빠른 속도로 달리고 있어도 못 보고 지나치는 일은 없다. 하지만 이런 휴식형 체인은 그 정도로 크지 않다. 물론 그중에는 꽤 큰 가게도 있지만, 대부분은 앞에서 말한 것처럼 편의점이나 음식점이 나간 자리에 들어간 가게다. 건물은 단층이거나 기껏해야 2층이고 부지가 넓다고 해도 가게 면적은 한 층당 165m²(약 50평) 안팎이다.

이런 작은 가게는 트럭이나 트레일러, 영업용 자동차가 속도를 올려 달리는 중심도로변에 있어도 이로운 점이 없다. 우선 다른 대형 매장에 가려 운전자들이 가게의 존재를 알아차릴 수 없다. 시각인지성이 현저하게 떨어진다. 또 휴식형 체인이라는 업종 자체는 갑자기 문득 생각나면 들르는 종류의 가게가 아니다. 영업처를 돌고 회사로 돌아가는 영업사원이 문득 도로변의 간판을 발견하고 좀 쉬어볼까 하면서 들르기란 사실 불가능하다. 설령 들어간다 하더라도 몸과 달리 정신은 여전히 일을 하는 상태일 것이다.

트럭이나 트레일러의 운전자들도 마찬가지다. 가게를 나온 후에도 바짝 긴장하고 계속 달려야 한다고 생각하면 가게의 존재를 알아챘다고 해도 도중에 들어가기 어렵다. 가게에 들르는 사람은 쉴 작정으로 일부러 시간을 만들어 오는 경우가 많다. 마사지를 받고 난 후 집에 가서 바로 자거나 느긋하게 쉬고 싶기 때문이다. 이런 사람들에게는 정신없이 바쁜 중심도로변에 있는 가게보다 부담 없이 들를 수 있는 생활도로변에 있는 가게가 더 반갑다. 차의 왕래가 번잡해서 운전에 신경 써야 하는 간선도로변이 아니라서 느긋하게 운전할 수 있고 집과의 거리도 가깝기 때문이다.

특히 휴식형 체인은 한번 마음에 들면 계속 다니게 되기 때문에 더욱 더 부담 없이 갈 수 있는 곳이 바람직하다. 차의 왕래가 번잡한 큰 길가보다 조용한 뒷골목 생활도로변의 가게 더 성황하는 데는 이런 이유가 있다.

단골이 먹여 살리는 업종의 장점을 살려라

주택가의 편의점과 음식점이 나간 자리는 이런 휴식형 체인의 가장 좋은 입지가 된다. 우선 주변에 어느 정도 시장 규모가 있음을 짐작할 수 있다. 편의점이나 음식점이 철수했기 때문에 처음부터 시장 규모가 없었을 가능성도 있다. 그러나 편의점은 대부분 경쟁점의 진출로 매출이 떨어져서 철수하는 케이스가 많다. 편의점으로서는 경쟁이 심한 곳이지만 교외에서 경쟁이 본격적으로 시작되지 않은 휴식형 체인이 들어서기에는 충분한 시장 규모를 갖추고 있을 확률이 높다.

편의점이 나간 자리는 가게 건물을 비롯해 주차장 등의 설비가 통째로 갖춰져 있는 이점도 있다. 넓은 주차장은 그대로 휴식형 체인의 이점이 된다. 그리고 설비가 갖춰진 조건이 좋은 입지를 비교적 싼 임대료로 이용할 수 있다는 점도 큰 메리트다.

현재 마사지 숍 체인은 점점 늘어나 각지로 진출하고 있다. 그러나 아직도 많은 체인이 역 앞에서 가게를 내는 데 집중하고 있으며 아직 도로변에는 눈길을 주고 있지 않다.

그런데 언젠가 다른 체인도 똑같이 도로변으로 나오지는 않을까? 이전에 편의점 업계에서 일어난 것 같은 과열 경쟁이 일어나 철수하는 가게가 속출하지 않을까? 여기에는 다른 관점의 시선이 필요하다.

편의점에서 취급하는 상품이나 서비스는 소비자 입장에서 보면 거의 다르지 않다. 그래서 보통은 집에서 가까운 편의점이 생기면 소비자는 그쪽을 이용하고 먼 편의점에는 발길을 돌리지 않게 된다. 설사 상품이나 서비스가 다르다고 해도 많은 경우 가깝다는 장점이 다른 장점을 압도해버린다. 게다가 하나의 체인이 새로운 것을 시작하면 다른 체인도 경쟁적으로 따라 하기 때문에 상품이나 서비스의 차이는 금세 사라져버린다. 이런 이유로 소비자는 가깝고 편하게 갈 수 있는 편의점으로 쉽게 옮겨간다.

하지만 휴식형 체인의 경우는 사정이 다르다. 마사지를 받을 때는 전혀 모르는 다른 사람이 내 몸을 만지게 된다. 이런 가게에서는 신뢰 관계가 기본이고 처음 간 가게가 마음에 들어서 다니기 시작하면 계속해서 이용하게 될 가능성이 높다.

확실히 자동차로 방문하는 것이 전제된다면 상권은 넓고 경쟁점이 비집고 들어올 가능성이 생긴다. 그러나 이용자는 동네의 노년층같이 비교적 시간을 자유롭게 쓸 수 있는 사람들이기 때문에 가깝다는 이유만으로는 다른 가게로 옮기지 않을 것이다. 좀 멀더라도 단골 가게로 계속 다니게 되지 않을까? 통행량이 적은 한적한 도로변이라는 특수한 입지의 장점을 알아챈 I 체인 마사지 숍의 약진은 당분간 계속될 것이다.

나라마다 발이 되는
교통수단이 다르다

　매출요소의 하나인 상권의 범위와 확산은 그 나라의 교통수단과 깊은 관련이 있다. 일본 시내를 비롯해 타이베이, 상하이 등 지하철이 발달한 도시 중심부에서는 지하철로 주로 이동하지만, 광역 지구에서 중심 시가지까지는 버스 이동이 일반적이어서 버스 이용으로 인한 상권의 확산을 볼 수 있다.

　타이완과 중국, 베트남 등에서는 오토바이가 기본적인 교통수단이다. 오토바이는 자전거에 비해 이동 범위가 넓어 상권 범위의 확장이 쉽다. 이런 도시에서는 가게에 오토바이를 세워둘 수 있는 공간을 마련하면 상권을 보다 넓은 범위로 설정할 수 있어 수요가 늘어난다.

　반드시 오토바이 전용 주차장을 보유할 필요는 없지만, 각국에는 도로에 관한 법률이 있고 그것을 지키기 위해 노력하는 것이 중요하다. 실제로 가게를 낸다면 항상 오토바이의 주차 공간을 염두에 두어야 한다.

한편 하와이의 호놀룰루와 같이 관광객이 많이 방문하는 도시에서는 지역의 거주자가 아니라 투숙객을 대상으로 한 편의점 비즈니스가 성립된다. 교통수단은 대부분 도보다. 호텔이 많은 지역은 호텔 안에 편의점이 다양하게 출점하는 케이스도 볼 수 있다. 투숙객과 관광객의 수요만으로도 여러 매장의 매출이 성립되기 때문이다. 서울에도 최근에는 호텔마다 편의점이 대부분 입점해 있다.

어반플레이 **강필호 팀장**

연남동에는 왜
스타벅스가 없을까?

Q1. 어반플레이에서 2017년에《아는 동네, 아는 연남》매 거진을 출간하였다. 연남동에 주목했던 이유는 무엇인가?

연남동이 지닌 문화적 다양성에 주목했다. 2000년대 초반 까지만 해도 이 지역은 다세대 주택이 많은 주거지의 모습을 유지하고 있었다. 그러나 2010년 전후로 서교동 일대의 젠트 리피케이션이 심화되면서 홍대 권역의 청년, 대학, 대안 문화 를 움직이는 예술가와 상인들이 연남동으로 대거 이주했다. 이들은 예술 활동을 전개하거나 감각적인 상점을 운영하며 동네에 매력을 더했다. 같은 시기 홍대입구역에 공항철도가 개통하면서 서울의 관문이라 할 수 있는 인천국제공항, 김포 국제공항에서 거리상 가까운 홍대입구역을 왕래하는 빈도가 급격히 증가했다. 덕분에 주택가의 여유로운 면모를 유지하고 있던 연남동에는 외국인을 대상으로 영업하는 게스트하우스와 관련 상점이 다수 들어섰으며 지역에 다문화적인 성격도 더해졌다. 경의선숲길공원, 화교 거리 역시도 연남동의 다층적인 문화를 논할 때 빼놓을 수 없다.

Q2. 연남동의 독특한 문화가 연남동에 스타벅스가 없는 이유와 어떤 연관이 있나?

전통적으로 스타벅스가 마케팅 타깃으로 삼는 계층은 '20~40대까지, 도시에 거주하는 전문직 고소득자'다. 그러나 최근 몇 년간 연남동은 주거지역과 상업지역이 혼재하는 양상을 보여왔다. 따라서 '전형적인 상권'이라 간주하기에는 모호한 구석이 있어 전문직 고소득자 유동 인구가 넉넉하게 모여들지 않을 가능성이 크다.

다음으로 해가 떠 있는 시간대의 연남동은 예상외로 한적하다는 사실에 주목해볼 필요가 있다. 그 원인을 분석해보면, 일단 연남동은 1970~1980년대에 지은 다세대·연립·단독주택 형태의 건물이 토지 대다수를 점유하는 물리적 한계로 인하여 높은 관심도에 비해 실질 유동 인구가 매우 적은 편이다. 서울의 대표적인 업무 상업 복합지구에는 용도를 막론하고 고층 빌딩이 많아 인구가 집약되는 반면, 연남동은 부지 면적당 수용 가능한 인구도 적다.

그리고 연남동에는 일반적으로 커피 전문점의 주 수입원이라 할 수 있는 테이크아웃 고객과 좌석 점유 시간이 짧은 직장인이 많지 않다. 연남동에는 몇몇 작은 회사가 있지만, 업무지구가 형성되지는 않았다. 이는 경제력을 갖추고 있는 데다가 자리를 오래 차지하지 않는 직장인이 일상 대부분이라 할 수 있는 업무 시간에 연남동에 머무르지 않는다는 것을 의미한다.

이런 분석을 바탕으로 짐작하건대 연남동의 지역적 특성은 스타벅스 출점을 위한 유동 인구 기준에 미치지 못하는 듯하다.

Q3. 그렇다면 연남동에 가장 최적화된 업종이나 매장이란?

앞서 연남동은 주거지와 상업지의 기능적 요소가 혼재되어 있다는 점을 언급했다. 상업지는 대체로 경의선숲길공원과 홍대입구역에 가까운 구역으로 밀집하는 경향을 보이고, 이와 멀수록 주거지가 그대로 유지되는 양상을 띤다. 따라서 연남동에 최적화된 업종은 기본적으로 서비스업이나 외식업, 기타 판매업 등이 적절해 보이지만, 출점을 모색하는 구역에 따라 주로 주민을 상대할지 아니면 외부 방문객을 상대할지 신중하게 고려할 필요가 있어 보인다. 주거지 인근에서는 생활 잡화를 판매하는 매장이나 세탁소, 포장 음식 판매점과 같은 근린생활에 부합하는 점포가 유효할 것이고 상업지가 밀집한 곳에서는 서양식 음식점류, 주점류 등도 여전히 경쟁력이 있을 것이다. 다만 주민과 외부인 모두 방문을 선호하는 공간인 카페는 꾸준하게 수요가 많은 편이지만 공급도 많아 식음료, 인테리어, 서비스 등의 측면에서 차별화되는 경쟁력을 지니지 못한다면 지속성을 담보하기 어렵다.

Q4. 최근 블루보틀 1호점이 성수동에 자리를 잡았다. 왜 하필 성수동일까?

블루보틀 CEO 브라이언 미한은 다수의 인터뷰에서 카페가 위치한 도시와 지역 커뮤니티를 중요하게 생각한다고 밝혔다. 효율성보다는 주변 지역의 전반적인 매력도와 방문객과의 밀접한 커뮤니케이션을 중시하는 블루보틀만의 입지철학을 드러내는 발언이다. 이를 고려하면 성수동은 서울 내 다른 지역과 확연히 구별되는 개성을 지닌 지역이다.

성수동은 1960년대에 서울 강북 유일의 준공업지역으로 지정되었다. 이는 세 가지 측면에서 지역의 특성을 규정한다. 우선 성수동은 현재도 인쇄, 수제화, 피혁 등의 분야에 걸쳐 제조업 관련 업체가 다수 성업 중인 지역이다. 아티장(artisan, 장인) 문화, DIY 문화, 인더스트리얼 인테리어 등이 힙한 콘텐츠로 소비되는 현시대에 성수동의 제조업적인 색채는 더없이 매력적이다.

이에 더해 성수동은 공업지역의 특성상 도로망과 토지구획이 대단위로 이뤄진 덕분에 다양한 규모의 건축물을 갖추고 있다. 그래서 힙타운화가 진행되는 과정에서 다양한 규모의 요식업 공간 및 사업체가 적합한 임대 매물을 찾아 성공리에 안착할 수 있었으며, 이는 한국 지부 사무공간 겸 1호점 매장이 자리 잡을 수 있는 부동산 매물을 찾던 블루보틀에게도 큰 이점으로 다가갔을 것이다. 본래 공장으로 활용되던 건축물 특유의 높은 층고와 거대한 스케일은 서울 내 다른 지역에서 찾아볼 수 없는 매력을 갖추고 있다는 점 역시 긍정적 요소로 작용한다.

끝으로 준공업지역은 공업 기능을 중점적으로 수용하면서 주거, 업무, 상업 기능을 보완하는 것을 목표로 삼는 지역이다. 주민, 노동자, 외부 방문객 등 서로 다른 특성을 지닌 사람들이 폭넓게 고객층으로 전환될 수 있다는 뜻이다.

여기에 더해 지하철 2호선, 강변북로, 영동대교, 동부간선도로 등의 교통망을 이용하면 대부분의 주요 도심 및 부도심을 50분 이내에 방문할 수 있다는 점, 그리고 서울 내에서도 손꼽히는 대규모 공원이자 랜드마크인 '서울숲'이 가까이에 있다는 점도 블루보틀 1호점의 입지 선정에 긍정적인 요인으로 작용했을 것이다.

Q5. 연남동 외에도 을지로, 노량진, 이태원 등 다소 오래된 동네의 입지 분석에 관심이 많은 걸로 알고 있다. 그 이유가 있다면? 또 오래된 동네에서 가게를 낼 때 알아두어야 할 것이 있다면?

건국 이래로 동네가 요즘처럼 화제의 중심에 오르내린 적은 없었다. 왜냐하면 장사하는 상인, 거주하는 주민, 놀러 가는 방문객 모두 '취향을 저격하는 동네'를 원하기 때문이다. 젊은 소비자는 단일 공간을 방문하는 것에 그치지 않고 동네 전체의 분위기와 개성을 탐방하듯 두 발로 누비는 걸 즐긴다. 따라서 상인들은 자신의 업장만을 신경 쓰는 게 아니라 주변에 매력적인 공간이나 어트랙션이 존재하는 소위 개성 있고 핫한 동네에 자리 잡길 원한다. 즉, 동네 그 자체가 하나의 브랜드로 자리 잡는 추세인 것이다.

게다가 작은 도시형 주택에 거주해야 하는 젊은 1인 가구 세입자는 과거 거실, 주방, 서재, 발코니에서 누릴 수 있던 편의를 동네 안에 있는 카페, 공원, 식당에서 누리고자 한다. 이는 트렌드 관련 서적에서 수차례 강조되고 있는 '밀레니얼 라이프스타일'의 대표적인 사례들이다. 이러한 추세 속에서 '오래된 동네'는 더 이상 낡은 동네가 아닌 '건축, 도시, 문화적으로 풍부한 콘텐츠를 축적해온 동네'로 재해석되고 있다. 이런 지역들은 외형적으로나 내면적으로나 다양한 시대에서 유래한 다양한 면모를 품고 있기에 단조롭지 않고, 수많은 기호를 두루 충족하는 힘을 지니고 있다. 그리고 도시교통망 기획 초기부터 중심지였기에 대중교통 접근성도 대부분 매우 좋은 편이다.

다만 원도심 혹은 구도심이라 불리는 오래된 동네의 건축물 및 기반 시설은 노후화를 겪고 있는 게 사실이다. 따라서 그런 동네에서 가게를 낼 때는 다른 지역에 비해 쾌적도 측면에서 열악할 수 있음을 염두에 두고 완성도 높은 콘텐츠와 신선한 인테리어, 세심한 서비스를 제공할 수 있도록 노력할 필요가 있다. 즉, 어느 정도 불편함을 감수하더라도 본인의 가게를 방문할 이유를 고객에게 명확히 제시할 수 있어야 한다.

강필호 어반플레이 아카이브랩 팀장

2015년부터 도시 콘텐츠 기업 어반플레이에서 기획자 겸 에디터로 일하고 있다. 로컬 비즈니스 관련 리서치와 텍스트 에디팅을 총괄하고 있으며 〈아는동네〉, 〈아는도시〉 등의 단행본 시리즈 제작에 참여했다.

어반플레이는 출판물, 웹 서비스, 굿즈, 공간 등의 매체를 활용하여 로컬 콘텐츠를 소개하는 미디어 비즈니스 기업으로 대표 프로젝트는 '연남방앗간', '연남장', '사계생활', '아는동네 미디어', '연희걷다' 등이 있다.

돈과 사람을
끌어당기는
입 지 의
비 밀

제 5 장

손님을 부르기 전에
길부터 닦아라

잘 보면 대박, 잘못 보면 쪽박인
동선의 중요성

강력한 동선 하나가
점포의 최대 무기다

동선 하나로 성공하는 가게도 있다

간사이 지방 도시에 있는 패스트푸드 체인점 J는 제4장에서 소개했
던 도호쿠의 H 체인 카페와 마찬가지로 논 한가운데에 있었다. 어떤 의
미로 입지 환경은 그 카페보다도 혹독했다. 주변이 논인 점은 같지만, H
체인 카페의 경우 도로변에 어느 정도 건물이 있었다면 J점 주변에서는
다른 건물을 거의 찾아볼 수 없었다. 말 그대로 논에 둘러싸여 있었다.
이 체인은 그만큼 입지 선정 기준이 특이했던 사례로 체인을 늘리는 형
태에 주목해보려고 한다.

우선 가게 모퉁이에 세워진 간판은 가리는 것이 없어서 눈에 잘 띄었
다. 보통 체인을 늘리는 가게는 간판 종류는 물론 가게의 디자인도 통일
해서 소비자의 주지성을 높이려고 노력한다. 이 가게도 전국적으로 잘

알려진 체인이라서 자주 눈에 띄는 패스트푸드 간판이 걸려 있었다. 하지만 건물은 아마 이전의 가게를 리모델링 없이 그대로 이용하고 있는 것 같았다. 얼핏 보면 해당 체인점인지 알 수가 없고 멀리서 보면 영업을 하는지조차 불안할 정도의 외관이었다.

종합적으로 봐서 시계성과 주지성이 높다고는 할 수 없었다. 10대분의 주차장 공간 안쪽으로는 통로가 설치되어 있었고, 가게를 보고 왼쪽으로 주차장 뒤를 돌아서 들어가면 건물의 오른쪽에 설치된 드라이브스루를 이용할 수 있었다. 확실히 간판에 드라이브스루라고 쓰여 있고 주차장이 있는 곳에 안내 간판도 있었지만 영 어설펐다. 처음으로 방문한 고객이 과연 이 간판만 보고 드라이브스루 창구까지 올 수 있을까 싶었다. 접근성은 결코 좋다고 할 수 없었다.

주차장이 있고 드라이브스루인 것을 봤을 때 테이크아웃 중심의 가게라고 생각되었다. 그러나 가게 안에는 좌석이 있고 편안하고 깔끔한 분위기로 정돈되어 있었다. 매장 중심 가게의 모습을 갖추기 위해 힘을 쏟은 흔적이 보였다. 하지만 그렇다 치기엔 주차장이 부족해서 어느 영업 방식에 힘을 준 것인지 어중간하게 느껴졌다.

시계성, 주지성, 접근성, 건물 구조 어느 것을 꼽아도 결코 고득점의 입지라고는 할 수 없었다. 하지만 이 가게는 성황을 이루고 있었다. 어떻게 이런 입지에서 순탄한 경영이 가능한 것일까?

강력한 '동선'으로 최적의 입지가 되다

온통 논이 펼쳐져 있는 곳에 있지만 사실 이 J점의 입지에는 확실한 시장 규모가 존재했다(그림 ⑨).

가게 앞을 남북으로 가로지르는 지방도로에서 북쪽으로 약 2km 이동하면 단독주택으로 이루어진 큰 주택가가 시작되었다. 또 가게에서 남쪽으로 1km 정도 내려가면 그 지점부터 다른 주택가가 펼쳐졌다. 논 한가운데 있지만, 남북으로 몇 분만 운전하면 충분한 두 개의 시장 규모를 가지는 주택가를 만나게 되는 것이다. 그뿐만이 아니다. 두 개의 주택가를 잇는 이 길은 지역을 종단하는 유일한 길이었다. 북쪽에서는 길이 나뉘면서 지방도로를 둘러싼 도로가 되고 남쪽으로는 지역 경계를 넘어 다른 지역까지 통하고 있었다.

J점이 있는 곳은 언뜻 보면 논 가운데 외로운 오솔길처럼 보이지만, 이 지역에서는 남북을 통과하는 몇 안 되는 간선도로인 셈이다. 두 개의 주택가를 오가거나 지역을 남북으로 지나갈 경우 이 길을 통할 수밖에 없다. 이 주변에서 유일하고 강력한 '동선'이 되는 것이다.

동선이란 두 개 이상의 고객 유도 시설을 잇는 길이다. 보통 한번 생긴 고객 유도 시설이 좀처럼 움직이기 힘든 것에 비해 동선은 쉽게 움직인다. 세 번째, 네 번째 고객 유도 시설이 생기면 사람의 흐름이 복잡해지기 때문이다. 고객 유도 시설이 3~4개로 늘어나면 각 시설마다 유입

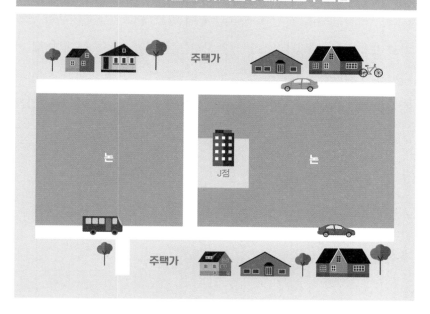

그림 ❾ 논 한가운데 위치한 J 패스트푸드점

주택가

논

J점

논

주택가

되는 사람들도 각각 나뉘어 동선과 고객층이 복잡해진다. 그러나 J점의
경우 고객 유도 시설인 두 개의 주택가는 쉽게 바뀔 수 있는 성질의 것
이 아니었다. 그런 까닭에 이 둘을 잇는 유일한 길 역시 움직이지 않는
강력한 동선이 되었다.

　J점이 20년에 걸쳐 안정적인 영업을 계속할 수 있었던 것은 이런 이
유에서다. J점에 한해서는 시계성, 주지성, 접근성, 건물 구조가 낮은 점
수를 얻어도 상관이 없다.

　이용객 중 대다수는 길을 다니는 데 익숙해진 재방문객이다. 처음에

는 가게인지 아닌지, 정말로 영업을 하는 건지 불안한 마음을 가졌던 사람도 적지 않았을 것이다. 하지만 한번 이용해보면 가게 내부가 편안하고 드라이브스루 서비스도 쾌적하다는 사실을 알 수 있다. 두세 번 다니면서 익숙해지면 부실한 가게의 겉모습이나 안내 간판은 문제 되지 않는다. 이처럼 강력한 고객 유도 시설과 동선만으로 성립되는 가게도 있다.

Location 📍 동선은 소비 심리가 지나는
마음의 길이다

길 하나 차이로 대박과 쪽박의 운명이 갈렸다

J점의 케이스는 두 곳의 주택가라고 하는 고객 유도 시설 그리고 한 개의 지방도로라고 하는 동선이 있으면 가게가 충분히 매출을 올릴 수 있다는 사례였다. 설사 시계성이나 접근성 등 매출에 영향을 주는 다른 매출요인이 다소 열악하더라도 고객 유도 시설과 동선은 다른 요인을 능가할 정도로 강력하다는 걸 알 수 있었다. 특히 주변에 논밖에 없는 구역이어서 입지에서 고객 유도 시설과 동선의 요소가 두드러졌다.

대부분 가게는 매출요인이 서로 복잡하게 얽혀 있다. 그러나 동선이라고 하는 개념은 다수의 요소가 복잡하게 서로 얽혀 있더라도 입지의 특성을 매우 심플하게 나타내준다.

도쿄도의 서부 마치다시에서는 역 앞에서 서쪽으로 뻗어 나간 도로의 교차로 부근에서 동선 위에 있는지 여부로 희비가 엇갈리는 두 가게가 있다(그림 ⑩).

하나는 교차로 북서쪽 모퉁이에 있는 음식점이다. K점이라고 이름을 붙여보자. K점은 저녁부터 밤까지 심벌마크인 빨간 네온사인이 휘황찬란하게 빛나고 고객이 끊이지 않는다. 또 하나는 역 앞 도로를 사이에 두고 그 건너편 교차로에서 더 서쪽을 향해 40m 정도 떨어진 곳에 있는 건물이다. 여기는 편의점으로 오픈했지만 철수하고 그 후 몇 번이나 가게가 교체된 끝에 현재는 작은 회사의 사무실로 이용되고 있다. 결국 가게의 입지로 성립되지 못한 것이다. 현재는 가게로 이용되지 않지만 편의상 L점이라고 이름 붙여보자.

두 장소는 면적이 크게 다르고 처음부터 업종도 달라 비교의 대상이 되지 않을 수 있지만, 동선의 차이를 말할 때는 아주 좋은 사례가 된다. 우선 두 가게 모두 역 앞 도로를 접하고 있고 도로에 오가는 자동차 수도 많다. 포인트 규모는 어느 쪽 가게라도 충분하다. 시장 규모 또한 다르지 않다. 두 가게는 역 앞 도로를 끼고 비스듬히 마주 보는 위치로 30m 정도밖에 떨어져 있지 않다. 역에서 800m 정도 떨어진 거리에는 사방팔방으로 주택가가 펼쳐져 있다. 두 가게에는 충분한 시장 규모가 있는 셈이다.

두 가게의 큰 차이는 무엇보다도 부지의 면적이다. 음식점인 K점은 모퉁이에 있고 부지의 면적이 충분하며 내부에 20대분의 주차장이 있

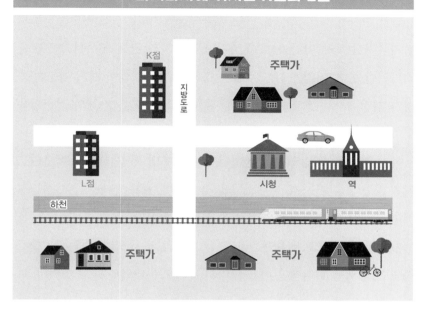

K점

주택가

지방도로

L점

시청

역

하천

주택가

주택가

다. 한편 L점은 부지 자체가 좁고 편의점을 운영하려고 세운 것처럼 보이는 단층 건물이 그대로 남아 있다. 그리고 가게 앞에는 4대분의 주차장밖에 없다. 역 앞 도로에 있는데도 주차 공간이 4대밖에 안 되는 건 조금 부족해 보인다. 게다가 4대분도 가게 앞에 약간 비어 있는 대지를 전부 활용하여 선을 그린 거라 차를 움직일만한 여유 공간이 전혀 없다.

역 앞 도로를 달리던 운전자가 이 가게를 발견해서 들어가려고 하면 전면 주차를 할 수밖에 없다. 물건을 사고난 후 나오기 편하도록 처음부터 후면 주차를 하려고 해도 워낙 차량 왕래가 잦은 길 한가운데라 차를 돌려서 들어갈 여유가 없기 때문이다.

전면 주차를 하면 쇼핑을 마친 다음이 큰일이다. 후진하면서 도로로 빠져나가야 해서 빨간 신호가 되거나 자동차의 왕래가 끊어지는 것을 기다려야 한다. 어떻게 해도 뒤를 신경 쓰면서 기다려야 하기 때문에 운전자 입장에서는 스트레스가 된다. 이러한 불편함은 가게의 접근성을 떨어지게 한다.

어느 정도 경험이 있는 운전자라면 처음부터 이 가게에 들어오려고 하지 않는다. 나가는 데 고생스러울 것이 눈에 훤하기 때문이다. 조금만 더 이동해서 다른 편의점을 가는 쪽을 택할 것이다.

이렇게 역 앞 도로에 충분한 교통량, 즉 포인트 규모가 있음에도 불구하고 원래 있던 편의점은 이를 살리지 못하고 손가락만 빨고 있었다. 하지만 주차장보다도 더 큰 문제가 있었다. L점은 교차로에서 서쪽으로 50m 거리에 있었는데, 교차로에서 떨어져 있어 가게 남쪽에 있는 주택가의 수요를 거의 잡아내지 못한 것이다. 이 문제는 단순히 그 길의 포인트 규모를 날려버리는 데 그치지 않았다.

L점은 남쪽으로 주택가를 등지고 있지만, 그 사이에는 역 앞 도로와 나란히 철도가 있고 하천이 흐르고 있었다. 역 앞 도로와 남북으로 교차하는 길은 이 근방에서 유일하게 그 철도와 하천을 타고 넘어서 남쪽으로 통하는 곳이다. 즉, 남쪽으로 통하는 유일한 동선이 된다. 음식점인 K점은 이 동선 위에 있지만 L점은 여기에서 비껴나 있다. K점이 주변

주택가의 주민뿐만 아니라 철도와 하천 건너편, 남쪽 주택가의 주민도 고객이 될 가능성이 있는 것에 비해 L점은 그럴 가능성이 없었다. 도로 하나를 마주 보고 있을 뿐인데 한 곳은 대박 가게, 다른 한 곳은 쪽박 가게가 되었다. 두 가게에는 부지 면적과 교차로부터의 거리 등에서도 차이가 있었지만, 무엇보다도 동선 위에 있는지의 차이가 결정적이었다.

지하철에 새로운 출입구가 생기면 동선이 바뀐다

제1장에서 동선이란 두 개 또는 그 이상의 고객 유도 시설 사이에 생긴다고 설명했다. 고객 유도 시설이 있어야 비로소 동선이 생기기 때문에 동선과 고객 유도 시설은 떼려야 뗄 수 없는 관계라 할 수 있다. 동선과 고객 유도 시설이 밀접한 관계에 있어서 둘 중 하나만 만족해도 괜찮아 보인다. 하지만 굳이 동선이라는 개념을 사용하는 데는 그 나름의 이유가 있다.

몇 번이나 지적해온 것처럼 고객 유도 시설은 쉽게 변하지 않는다. 일단 생기면 역은 물론 상업 시설이든 교차로든 10년, 20년은 거기에 계속 있다. 그리고 새로운 고객 유도 시설이 생기면 금방 알아차릴 수 있고 시설이 리모델링을 해도 겉모습으로 쉽게 알 수 있다.

한편 동선은 처음부터 그 존재를 알기 힘들고 쉽게 바뀐다. 특히 고객 유도 시설이 세 개, 네 개로 늘어나는 거리에서는 고객 유도 시설 그 자

그림⑪ 지하철역 부근의 M 음식점

야구장

M점

새로 생긴
지하철 출입구

이전부터 있던
지하철 출입구

체의 변화 이상으로 동선이 복잡하게 움직인다. 예상하기 어렵고 실제로 관찰해보지 않으면 알 수 없다.

또한 동선이 바뀌더라도 쉽게 인지하지 못할 수도 있다. 또 알아챘다고 해도 손쓸 방법이 없을 때도 많다. 알아차리지 못한 사이에 동선이 변화하여 이에 따라 매출에 크게 급감한 예가 있다. 주부 지방에 있는 지하철역에서 일어난 일이다. 예전에 이 역 구내는 좁고 출구도 두 곳밖에 없었다(그림 ⑪).

역의 북쪽에는 야구장이 있어서 프로야구 시즌에는 많은 사람이 몰려 역 내부는 꼼짝할 수 없을 정도로 혼잡했다. 이를 해소하기 위해 플랫폼의 폭을 늘리고 개찰구와 출구를 신설했다.

출구가 늘어나서 혼잡함은 완화되었지만, 손해를 본 것은 지하철 출구 부근에 있던 음식점이었다. M점이라고 이름을 붙여보자. M점은 출구에서 야구장 쪽으로 나 있는 도로변에 있어서 야구장을 방문한 사람은 반드시 M점 앞을 지나야 했다. 누구라도 부담 없이 이용할 수 있는 업종이었던 덕분에 가게는 성황을 이루었다. 하지만 지하철역 개선 공사로 인해 야구장과 더 가까운 쪽에 새로운 출구가 생겨 M점 앞을 지나는 사람이 갑자기 줄어들게 되었다.

역이라는 고객 유도 시설의 존재가 변한 것은 아니다. M점도 변하지 않고 원래 위치에 있다. 하지만 역의 출입구가 신설되면서 갑자기 동선이 크게 변했다. 역의 출입구 또한 고객 유도 시설이었기 때문에 그 위치가 변화한 것만으로도 동선이 크게 변한 것이다.

역에 두 개의 출구가 있으면 그 사이는 공백이 되기 쉽다. 좌우 두 개의 출구가 있으면 오른쪽의 출구에서 나오는 사람은 대부분 그대로 오른쪽으로, 왼쪽 출구에서 나온 사람은 왼쪽을 향해서 간다. 처음 역을 방문해서 방향감이 없는 사람이라면 모를까 자주 와서 익숙한 사람이라면 목적지까지 최단 거리의 길로 향할 것이다. 이렇게 해서 출구 두 개의 사이에 있는 공간은 공백의 지대가 된다. 가게가 역 출구의 어느 쪽에 있는가, 동선 위에 있는가 아니면 벗어나 있는가와 같이 겨우 10m 의 작은 차이가 가게의 성패를 좌우하기도 한다.

동선에서 벗어나 있다면 가게 앞 통행량 조사를 통해 포인트 규모가 부족하다는 사실을 바로 알 수 있다. 하지만 어떤 사람은 10m 앞에 충분한 포인트 규모가 있다는 사실만으로도 안심한다. 10m 앞에 사람이 흘러넘치는데 자기 가게 앞을 지나가지 않을 리 없다는 혼자만의 생각에 빠지는 것이다. 그러나 스스로 거리를 돌아다니면서 생각해보면 확실히 알 수 있다. 목적지가 확실하다면 지름길로 가고 굳이 멀리 돌아가지 않는다는 것을. 설사 그게 단 1m라 할지라도 말이다.

동선은 인간의 행동 특성을 파악하지 않으면 이해할 수 없는 요소다. 무엇이든 동선으로 보는 습관을 지니자. 입지의 좋고 나쁨이 더 선명하게 보일 것이다.

동선이 겹치면 수십 킬로미터 떨어져 있어도 경쟁점이 된다

M점의 예는 동선이 수십 미터 어긋나는 바람에 생긴 비극이지만, 이런 동선이 내 편이 되면 든든한 존재가 되기도 한다. 동선 덕분에 가게를 낼 수 있는 찬스를 발견한다거나 반대로 경쟁점의 위협을 예측할 수 있다. 가령 아무리 멀리 떨어져 있어도 두 가게가 같은 동선 위에 있고 비슷한 상품을 비슷한 가격에 비슷한 방법으로 제공하고 있다면 경쟁

이 될 수 있다.

예전에 홋카이도에서 패스트푸드점의 매출이 떨어져 조사를 의뢰받은 적이 있다. 조사해보니 75km 떨어진 곳의 같은 체인점이 원인이었다. 75km의 거리를 두고 자사 경쟁을 하고 있었던 것이다. 홋카이도의 스케일이 크다는 것을 새삼스럽게 인식하는 동시에 두 가게가 동선으로 연결되어 있다는 것을 알 수 있었다. 참고로 홋카이도의 고속도로에서 자동차를 달리는데 상업 시설 간판에 '앞으로 80km'라고 적혀 있어 놀랐던 적이 있다. 그 지역에 사는 주민들에게 80km는 그다지 대단한 거리가 아니었던 것이다.

M점은 지하철역 출구가 신설되고 동선이 바뀌면서 매출에 큰 타격을 받았다. 한편 제3장에서 매출을 2.2배로 끌어올린 주부 지방의 F 편의점은 경쟁점이 역에서 자기 가게까지의 동선 위에 비집고 들어왔지만, 자동차로 가게를 방문할 수 있는 가능성을 포착하고 주차장을 마련하여 매출을 회복했다. 역까지의 동선을 절대적이라고 생각하지 않고 다른 가능성을 찾은 것이 성공의 열쇠였다.

동선은 입지를 평가하는 데 유용한 개념이다. 그러나 더 중요한 건 동선이 어느 정도 '영향을 끼치는지' 냉정하게 판단하는 것이다. 강력한 동선인가, 그렇지 않은가?

만약 새로운 고객 유도 시설이 생겼다면 어디에 새로운 동선이 생겼는지 주의 깊게 관찰할 필요가 있다. 고객 유도 시설의 존재는 누구의 눈으로 봐도 명확하지만, 동선을 의식하는 사람은 적다. 가게에 이익을 가져오는 강력한 동선을 항상 주시해야 한다.

통행량 뒤편에 숨겨진
동선을 읽어라

동선이란 매장 앞을 지나는 사람들의 질을 표현하는 데이터다. 가게 앞을 지나는 사람의 수를 보는 것이 아니라 '무엇을 하려고 지나가는 사람이 많은가'를 객관적 지표로 수치화한 것이다.

해외 진출을 계획하고 있는 요식업, 소매업, 서비스업 등의 많은 기업이 주로 가게 예정지 앞의 통행량을 측정한다. 하지만 통행량 조사만을 기반으로 가게를 냈다가 망하는 경우가 부지기수다. 이때는 철저히 동선의 시점에서 통행량을 해석해야 한다. '가게를 이용할만한 고객의 통행이 잦은가' 보다 본질적으로 중요한 것이 '왜 통행량이 많은가', '무엇을 하려고 통행하고 있는가'이다.

통행하는 사람은 크게 세 가지 패턴으로 분류할 수 있다. 오피스 단지는 직장인, 상업 구역은 구매 목적으로 유입되는 외부인, 주택가는 거주

자. 하지만 확실히 세 패턴으로 구분할 수 있는 구역은 적고 보통은 복수의 상권이 혼재되어 있어서 다양한 목적을 가진 사람들이 통행하게 된다. 가게 앞을 걸어 다니는 사람의 수는 충분해도 그 숫자에는 가게의 고객이 되지 않는 사람이 다수 포함될 수 있다는 얘기다.

반대로 일본에는 해외 출점 시 동선을 다소 벗어난 대신 임대료를 낮추고 그만큼 넓은 좌석 수를 확보해 손님을 모은 음식점 체인도 있다. 이 기업의 매장 앞은 통행량이 적지만 수십 미터 떨어진 장소에는 중심 도로가 있고 많은 사람이 통행하고 있었다. 바로 그 손님들이 약간 수고스럽더라도 길을 돌아 음식점으로 찾아왔다. 당장 눈앞의 통행량에 연연해하지 않고 멀리 떨어진 동선의 통행량을 내다본 결과 성공한 사례다.

해외에서는 통계 데이터를 입수하기 힘들고 진출해 있는 매장도 적기 때문에 얻을 수 있는 경험값이 적다. 그래서 출점할 때는 통행량만이 중요한 지표가 되기 쉬운데 이것만 가지고 예측하면 낭패를 볼 수 있다. 해외로 진출해서 성공한 기업은 통행량 뒤편에 숨겨진 동선(통행자의 질)을 정확하게 이해하고 적절한 입지를 선점함으로서 매출 상승을 이끌었다는 사실을 명심해야 한다.

최고의 입지는
비즈니스에 맞는 입지다

제5장은 주 동선을 파악하고 그려보는 방법에 대해 이야기한다. 예로 든 마치다시의 사례에서 K점의 입지가 L점보다 압도적으로 유리하다는 사실을 직관적으로 파악할 수 있다.

주 동선을 파악하기 위해서는 직접 움직이는 방향으로 목적지까지 선을 그어보면 된다. 보행 동선의 경우 역에서 출발하여 각 주거지역까지, 차량 동선의 경우 차도에서 주거지까지 차량의 움직임을 따라 선을 그리면 된다.

보행 동선상에서 가장 우월적인 입지는 K점의 대각선 반대편 방향 코너(이하 A코너)다. 역에서 내려 북쪽, 혹은 남쪽 주거지로 가기 위해서는 반드시 거쳐야 하는 지점에 해당하기 때문이다. 따라서 교차로의 코너 네 군데 중에서 A코너가 유동 인구가 가장 많은 좋은 입지에 해당하며 임대료도 가장 비싸다. 반면 K점은 A코너보다는 좋지 못해도 일단 주 이동 경로인 사거리의 한 코너를 차지하고 있다는 점에서 입지적으로 가치를 지닌다.

여기까지는 사실 누구나 파악할 수 있는 내용이다. 그 뒤로 응용이 중요하다. K점은 좋은 입지를 바탕으로 비즈니스가 순항 중이지만, 만약 강력한 경쟁력을 가진 직접적인 경쟁자가 A코너에 출점할 경우 K점의 매출은 잠식당하고 입지는 경쟁 열위에 서게 된다. 특히나 K점이 레스토랑이 아닌 차별화되지 않은 상품과 서비스를 판매하는 비차별적 비즈니스를 하고 있다면 비싼 임대료를 감수하더라도 A코너를 점유한 경쟁점이 가볍게 제압할 수 있다. 하지만 K점이 레스토랑이라는 점에 주목하자. 요식업은 유통업에 비해 어느 정도 차별화가 가능한 업종이다.

한편 저자는 L점의 입지에 대해 사형선고를 내렸지만 어떤 비즈니스냐에 따라 충분히 빛을 볼 수도 있는 곳이다. 인근 주거지역의 수요와 구매력이 어느 정도 뒷받침되는 상황이고 경쟁력 있는 식당을 차릴 수 있는 능력이 된다면, L점은 입지적으로는 나쁠지 몰라도 K점과 경쟁하지 않을 수 있다. 더군다나 L점은 공실로 인해 임대료가 하락한 상황이므로 주변의 수요를 끌어올 수 있는 흡입력을 가졌다면 L 점의 입지도 괜찮다고 판단된다.

경제와 비즈니스는 발전을 거듭할수록 차별화되고, 이에 따라 시장은 세분화되는 경향을 보인다. 최고의 입지를 아는 것만으로는 성공적으로 매장 운영을 담보할 수 없다. 어짜피 최고의 입지는 가장 비싸기 때문에 사업의 특성과 지역에 알맞은, 최고가 아닌 최적의 입지를 파악하고 진입하는 게 중요하다.

비즈니스에서 차별성을 만들어내지 못하고 오직 입지로만 승부를 보려는 것은 너무 단순하고 무리한 판단이다. 더 큰 자본을 가진 사람이 좋은 입지를 차지할 경우 대부분 필패할 수밖에 없기 때문이다. 투자의 기본 가운데 하나는 저평가된 자산을 구매하는 것이다. 입지도 마찬가지다. 좋은 입지는 비싸고 나쁜 입지는 싸다. 비즈니스를 하는 사람이라면 자신의 비즈니스에 잘 어울리는 입지, 그중에서도 가장 저렴한 저평가된 입지를 골라야 한다.

오늘날의 트렌드가 실제로 그렇다. 성공한 사업가들은 임대료가 비싼 A급지가 아니라 비교적 저렴한 B급지에서 비즈니스 역량으로 입지의 한계를 극복한다. 그만큼 비즈니스를 잘 이해하고 있다는 뜻이다. 물론 수많은 답사와 고민도 반복했을 것이다.

2부

최적의 입지를 찾아라

돈과 사람을
끌어당기는
입지의
비밀

제6장

걸어야 보이는
입지의 과학

실제 거리를 중심으로 알아보는
'이런 장소엔 이런 가게'

Location 📍 보기엔 좋지만 걷기엔 나쁜
최악의 입지를 구별하라

길 하나를 두고 성격이 다른 세 구역으로 나뉘다

거리에 따라 입지가 얼마나 달라질까? 거리를 자세히 살펴보면 잘
알 수 있겠지만, 이를 쉽게 확인해볼 수 있는 곳이 바로 도쿄 스이도바
시다.

JR소부선의 스이도바시역 승하차 고객은 하루에 16만 6,000명(JR동
일본 데이터 추산)에 이른다. 여기에 바로 옆에 있는 도에이 미타선의 스
이도바시역 고객 4만 5,000명(2014년도, 도쿄도 교통국)까지 더하면 하루
에 20만 명 이상이 스이도바시 근처에서 타고 내리는 셈이다.

승하차 인원이 제일 많은 곳은 하루에 150만 명이 타고 내리는 JR신
주쿠역이다. 스이도바시는 그 10분의 1 정도에 불과하지만 입지적으로
볼거리가 가득하다. JR스이도바시역 주변은 이벤트 구역, 오피스 거리,

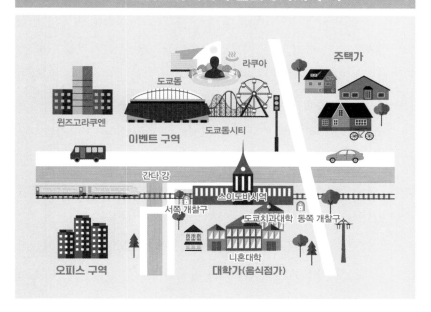

그림 ⑫ 스이도바시역 부근의 3가지 구역

주택가

라쿠아

도쿄돔

윈즈고라쿠엔

도쿄돔시티

이벤트 구역

간다 강

스이도바시역

서쪽 개찰구

도쿄치과대학 동쪽 개찰구

오피스 구역

니혼대학

대학가(음식점가)

그리고 대학가 이 3개의 전혀 다른 얼굴을 가진 지역이 인접하고 있다
(그림 ⑫). 거리 하나를 사이에 두고 세 구역이 확실하게 나뉜다.

성격이 다른 구역이 혼재해 있는 곳은 여기뿐만이 아니다. 그러나 거
리 하나를 사이에 두고 확실하게 나뉘어 한눈에 봐도 분명히 차이가 나
타나는 거리는 스이도바시 말고는 거의 없다. 다양한 거리의 특징이 압
축되어 일본 도시의 축소판이라고도 할 수 있다.

스이도바시 3개의 구역은 걸어서 돌아다닐 수 있다. 각 구역에서 가
게가 어떤 식으로 존재하는지 보는 것만으로 '장사가 잘되는 입지'를

자연스럽게 이해할 수 있다. 3개 구역 가운데 가장 파악하기 쉬운 장소가 JR 스이도바시역의 북쪽인 도쿄돔 주변이다. 도쿄돔을 비롯해 유원지와 쇼핑센터가 모여 있다. 직장인이 아니라 다양한 볼거리를 위해 비정기적으로 방문하는 사람들이 많다. 이곳을 이벤트 구역이라고 이름붙여보자. 도쿄돔에서는 봄부터 가을까지 프로야구 경기가 이어지고 그 사이사이 틈틈이 콘서트나 각종 이벤트가 열린다. 야구 비시즌기간을 포함하여 연중 많은 사람을 불러들이는 거대한 시설이다. 그 바로 앞에는 1층부터 9층까지는 마권을 판매하는 장외 마권장인 윈즈고라쿠엔 빌딩이 있어 경마 시즌에는 방문객들이 대거 찾아온다.

한편 이 지역 북쪽에 있는 유원지나 쇼핑센터에는 가족이나 커플이 많이 몰려든다. 다양한 사람들이 먹고 마시거나 쇼핑을 즐길 수 있는 시설이 곳곳에 흩어져 있다. 연중 활기찬 행사 구역인 것에 비해 JR 소부선의 남쪽, JR 스이도바시역 서쪽은 정장 차림의 직장인이 지나다니는 오피스 거리다. 고층 빌딩이 늘어서 있고 그 주변으로 크고 작은 오피스 빌딩이 밀집해 있다. 이 지역에는 일하는 사람들의 식사를 책임지기 위해서 음식점이 많을 것으로 예상된다.

JR 스이도바시역의 플랫폼은 동서로 200m 정도 뻗어 있고 거기에서 그대로 남쪽으로 내려오면 대학가가 모여 있다. JR 스이도바시역 동쪽 개찰구 쪽을 나와서 남쪽에 우뚝 솟아 있는 것이 도쿄치과대학 건물이다. 그대로 쭉 가면 니혼대학이 학부별로 여기저기 흩어져 있고 좀 더 남쪽으로 가면 도쿄디자이너학원이나 오하라부기학교 같은 전문대학이 있다. 이 구역은 학생들을 대상으로 하는 음식점을 비롯해서 부담 없는 낮은 가격을 내세운 이자카야 체인, 노래방, 그리고 편의점 등이 주로 많다.

이처럼 이벤트 구역, 오피스 거리, 대학가 이 3개 구역이 거리 하나로 뚜렷이 구분되어 있는 것이 스이도바시다. 발길을 조금만 옮겨 JR역의 북동쪽으로 가면 주택가도 펼쳐져 있다.

이렇게 각각의 구역에서 가게가 존속하기 위해서는 지역의 성질을 잘 이해해야 한다. 각 구역에 어울리는 가게만 살아남을 수 있기에 가게를 관찰하는 것으로도 구역의 성질과 가게의 존재 방식, '장사가 잘되는 입지'가 무엇인지 살펴볼 수 있다. 그러면 이제 실제로 스이도바시 거리를 걸어보자.

겨우 30m 차이로 희비가 엇갈린 카페와 이자카야

JR스이도바시역 서쪽 개찰구는 이 3개 구역으로 향하는 출발점이며 분기점이다. 서쪽 개찰구를 나와서 바로 정면, 남북으로 뻗어 있는 스이도바시 니시 대로. 길을 건너 역의 서쪽 구역은 오피스 거리다. 스이도바시 니시 대로를 건너지 않고 북쪽을 향해 완만한 경사의 육교를 걸어가면 도쿄돔시티가 있는 이벤트 구역으로 갈 수 있으며 서쪽 개찰구에

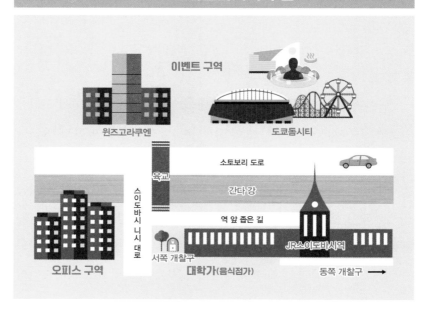

그림 ⑬ 스아도바시역 부근

서 왼쪽(남쪽)으로 돌면 바로 대학가로 갈 수 있다(그림 ⑬).

처음에 북쪽의 도쿄돔시티를 목적지로 삼아봤다. 돔시티 쪽으로 가려고 서쪽 개찰구 쪽에서 북쪽 방향으로 나오자마자 갑자기 '장사가 잘되는 입지'에 대해 설명하기 좋은 소재가 눈에 들어왔다. 역을 나오자마자 맞닥뜨리는 것이 바로 앞의 좁은 길이다. 역의 플랫폼과 평행을 이루며 좁은 도로가 역사 앞을 지나고 있다. 길의 폭은 수 미터에 불과해서 건너편 블록은 역에 가장 가까운 구역 가운데 하나다. 하지만 실제로는 좋은 상권으로 보기 어렵다(그림 ⑭).

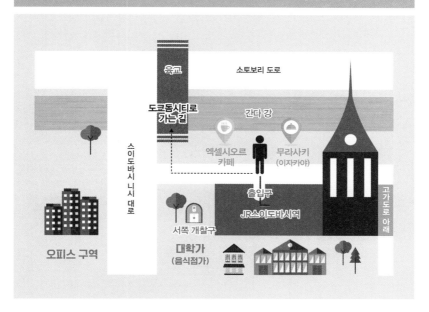

그림 ⑭ 엑셀시오르 카페와 이자카야 무라사키

역 앞의 작은 도로에 있는 것은 일본의 도토루 커피에서 내놓은 카페 체인인 엑셀시오르와 이자카야 체인 무라사키다. 이 둘의 입지는 겉보기에 크게 달라 보이지 않지만 실제로는 큰 차이가 있다.

JR스이도바시역의 승하차 인원 8만 3,000명을 동쪽과 서쪽 2개의 개찰구로 나누고 또다시 서쪽 개찰구 쪽을 도쿄돔 방면, 오피스 구역, 대학가, 이렇게 셋으로 나누면 역 앞의 좁은 길을 통해 나오는 사람은 하루에 약 1만 4,000명이다. 역 문이 개방되어 있는 시간을 아침 6시부터 자정까지 18시간이라고 하면 5초에 한 명이 이 길을 건너는 셈이다. 어

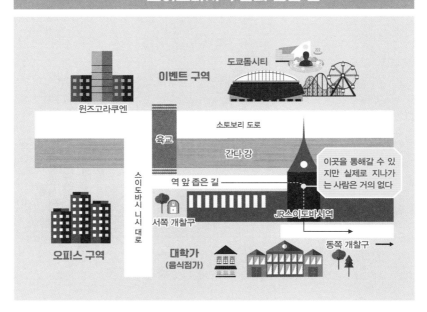

이벤트 구역

도쿄돔시티

윈즈고라쿠엔

육교

소토보리 도로

간다 강

이곳을 통해갈 수 있지만 실제로 지나가는 사람은 거의 없다

스이도바시 니시 대로

역 앞 좁은 길

JR 스이도바시역

서쪽 개찰구

동쪽 개찰구 →

오피스 구역

대학가
(음식점가)

디까지나 대충 어림잡은 것이지만, 아침부터 밤까지 평균 5초에 한 명이 지나는 길이라면 낮에는 더 많은 사람이 다닐 것이다. 이 거리에 어떤 가게를 내도 성공할 것 같지만 실제로 이 좁은 길 주변은 그다지 활기차 보이지 않는다. 길의 구조가 묘하게 되어 있기 때문이다.

　역 앞의 좁은 길에서 왼쪽으로 향하면 바로 스이도바시 니시 대로와 만나는 교차로에 부딪힌다. 반대로 오른쪽으로 150m 정도로 꺾어져서 돌아가면 소부선 밑을 통해서 역의 남쪽 블록으로 통한다. 막다른 골목 같은 곳은 아니니 빠져나갈 수야 있지만, 실제로는 이곳을 통해 빠져나가는 사람은 거의 없다(그림 ⑮).

　도쿄돔을 비롯해서 역 북쪽에 있는 이벤트 구역으로 간다면 서쪽 개찰구를 나와 북쪽을 향해서 가는 편이 좋다. 또 오피스 거리로 가려면 서쪽 개찰구를 나와 스이도바시 니시 대로를 건너면 된다. 대학가로 가려면 역시 서쪽 개찰구를 나와서 바로 남쪽으로 꺾으면 된다.

　남쪽에 있는 대학가에 가기 위해 서쪽 개찰구의 북쪽으로 나왔다가 굳이 소부선 옆길을 따라 걷다가 내려가지 않을 것이다. 돌아가려면 오히려 동쪽 개찰구가 가까우니 처음부터 동쪽 개찰구를 이용하면 된다.

　역을 따라 나 있는 이 좁은 길은 얼핏 보면 역에서 가장 가까워 아주 좋아 보이는 입지지만, 사실은 특별한 목적이 있는 사람이 아니면 오지 않는 장소다. 그리고 이를 알아차릴 수 있는지 아닌지에 따라 가게의 희비가 엇갈린다.

역세권이라도 망하는 가게는 있다

　그럼 다시 서쪽 개찰구를 지나 오른쪽(북쪽) 출입구에서 나온 자리로 돌아가서 이야기해보자(그림 ⑯).

　역에서 나오면 우선 그 유명한 엑셀시오르 카페가 눈에 들어온다. 이 카페는 역 바로 서쪽을 남북으로 관통하는 스이도바시 니시 대로변에 접하고 있으면서 신호등이 있는 교차로 모퉁이에 있다. 스이도바시역

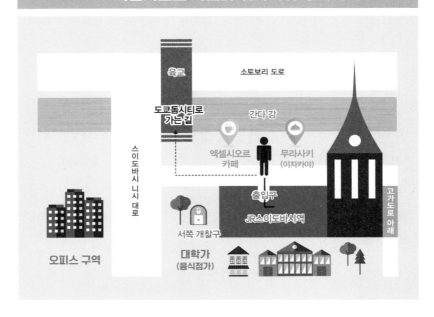

그림 ⑩ **엑셀시오르 카페와 이자카야 무라사키**

육교

소토보리 도로

도쿄돔시티로
가는 길

간다 강

엑셀시오르
카페

무라사키
(이자카야)

스이도바시 니시 대로

출입구

JR 스이도바시역

서쪽 개찰구

고가도로 아래

오피스 구역

대학가
(음식점가)

에서 도쿄돔시티를 향하는 사람은 반드시 여기를 지날 수밖에 없다. 장사가 잘될 수밖에 없는 위치다. 도쿄돔시티 방면에서 스이도바시역으로 돌아오는 사람도 꼭 이 앞을 지난다. 안 보려고 해도 청색과 녹색으로 된 익숙한 간판이 눈에 들어오고 카페로 갈 생각이 전혀 없던 사람이라도 잠깐 좀 쉬어 갈까 하는 기분이 드는 입지다.

그렇다면 출입구 앞에서 오른쪽에 있는 이자카야 무라사키는 어떨까. 역 출입구에서 보면 엑셀시오르 카페와 무라사키는 왼쪽인지 오른쪽인지의 차이만 있을 뿐 완전히 대등해 보인다. 마치 이등변 삼각형의

양변과 같이 똑같은 거리에 위치한다. 그러나 수학적으로는 대등하더라도 입지가 대등하다고 할 수 없다. 도리어 두 가게는 겨우 30m 떨어져 있다 해도 입지에는 엄청난 차이가 있다.

 앞에서 말한 대로 길에서 왼쪽으로 향하면 바로 스이도바시 니시 대로를 만나게 되고 엑셀시오르 카페는 그 교차로의 모퉁이에 있다. 역에서 나오는 사람들이나 처음부터 스이도바시 니시 대로 쪽의 인도를 걷고 있는 사람들에게 엑셀시오르 카페의 간판이 눈에 띌 것이다. 양쪽에서 오는 손님을 다 잡을 수 있는 것이다.

 그러나 무라사키가 접하고 있는 것은 눈앞의 좁은 길뿐인데 이 길로 다니는 사람은 극히 드물다. 역의 출입구에서 나온 다음에 도쿄돔시티나 오피스 거리도 모두 왼쪽에 있고 오른쪽으로 갈 필요는 거의 없기 때문이다. 왼쪽을 향해 가는 사람들이 일부러 오른쪽으로 눈길을 돌려 무라사키를 시야에 두는 일은 없는 셈이다. 커다란 간판이 있어도 눈길을 주지 않고 왼쪽을 향해 곧장 갈 확률이 크다. 아주 가끔 무라사키의 간판을 바라보는 사람이 있다 하더라도 발길은 이미 왼쪽을 향해 앞으로 나가고 있어서 굳이 방향을 바꾸지 않는다.

 무라사키 쪽으로 가는 사람이 있다면 친구들과 약속이 있다거나 회사의 회식 때문일 것이다. 이미 오래전부터 거기에 이자카야가 있다는 것을 잘 알고 있는 사람들만 찾아갈 수 있는 불리한 입지다.

왼쪽에 있는 엑셀시오르 카페와 오른쪽에 있는 무라사키는 고작 30m 떨어져 있다. 부동산에 가서 물어보면 둘 다 역에 최단 거리로 근접해 있는 '역세권' 물건이다. 임대료도 비슷한 수준임에 틀림없다. 그러나 앞에서 다룬 미묘한 차이가 가게의 매출에 큰 차이를 가져온다.

Location 📍 # 낯선 장소일수록
익숙한 매장을 찾는다

도쿄돔 앞에는 왜 패밀리 레스토랑이 있을까

다시 처음에 가려고 했던 도쿄돔시티 쪽으로 가보자(그림 ⑰).

JR스이도바시역 서쪽 개찰구에서 북쪽 출입구 쪽으로 나온 다음 앞에서 언급한 엑셀시오르 카페가 있는 교차로에서 북쪽 방향을 향해 똑바로 걸어가면 된다. 바로 나오는 경사면으로 된 육교에서 출발해서 그대로 80m 정도 걸으면 소토보리 6차선 도로를 쉽게 건널 수 있어 바로 도쿄돔시티 입구에 도착한다.

육교 위에서 내려다보면 왼쪽 앞으로 도쿄돔시티 입구에 세워진 윈즈고라쿠엔 빌딩이 보인다. 1층에서 9층까지 마권 발매소와 환전소가 있어 주말에는 사람들로 북적인다.

도쿄돔시티 입구에서 150m 직진하면 도쿄돔에 다다른다. 여기서 시

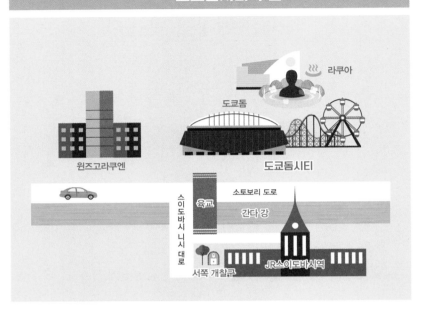

그림 ⑰ 도쿄돔시티 부근

라쿠아

도쿄돔

원즈고라쿠엔

도쿄돔시티

소토보리 도로

간다 강

스이도바시니시대로

육교

서쪽 개찰구

JR스이도바시역

범 경기와 시즌을 합쳐 매년 3월부터 10월까지 약 80개의 경기가 펼쳐진다. 8개월의 기간 동안 대략 3일에 한 번은 경기가 있다는 계산이 된다. 또 시즌이 끝나도 도쿄돔에서는 연일 행사가 개최되고 야구 시즌 중에도 틈틈이 공연과 이벤트가 열린다. 1년 중 약 3분의 2 이상은 특별한 행사가 진행된다.

도쿄돔시티 동쪽부터 북쪽에 걸쳐 유원지인 도쿄돔시티 어트랙션과 스파 중심의 복합 쇼핑센터인 라쿠아(LaQua)가 나란히 연결되어 있다. 도쿄돔시티는 도쿄돔, 유원지, 쇼핑센터가 일체화된 거대한 존재라서 어느 방향으로 들어와도 통하게 되어 있다.

이렇게 일 년 내내 이벤트를 하고 있는 특수한 상권이라서 그 안에 들어간 가게도 특수할 것이라고 생각하기 쉽다. 그러나 육교를 건너자마자 처음 눈에 띄는 것은 의외로 전국 어디에나 있는 패밀리 레스토랑 체인인 데니스다. 도쿄돔시티 입구 게이트를 통과하면 바로 왼쪽의 윈즈 고라쿠엔 방향에서 데니스의 낯익은 노란색 바탕에 빨간색 글씨 간판이 보인다. 그곳에서 계단을 올라가면 가게로 바로 들어갈 수 있다.

일 년 내내 시끌벅적하고 그 어느 곳보다 비일상적인 구역에서 가장 먼저 발견한 것이 고급 레스토랑도 아니고 세련된 바도 아닌 패밀리 레스토랑이다. 의아할 수 있지만 여기에 패밀리 레스토랑이 있는 것은 매우 타당한 일이다. 전국 방방곡곡을 뒤져봐도 여기보다 좋은 패밀리 레스토랑 입지는 없을 것이다. 여기가 좋은 입지인 가장 큰 이유는 눈앞에 지나다니는 사람의 수가 어마어마하게 많고 또 그 사람들이 매우 다양하기 때문이다. 도쿄돔으로 가는 사람, 윈즈고라쿠엔으로 가는 사람, 놀이공원과 쇼핑센터 라쿠아로 쇼핑하러 가는 사람도 JR스이도바시 서쪽 개찰구를 지나서 가는 길에 반드시 이곳을 지난다. 그리고 역으로 돌아갈 때도 지나가게 된다.

장사하는 가게 바로 앞에 끊임없이 사람이 다닌다는 것은 다른 걸 다 제쳐놓더라도 가장 중요한 요소다. 지극히 당연한 얘기라고 생각할지도 모르지만, 특히 이 장소에서는 그것이 패밀리 레스토랑이기 때문에 더 큰 의미가 있다. 도쿄돔시티에는 야구 관전을 위해 오는 사람도 있고 쇼핑 때문에 오는 사람도 있다. 또 커플은 데이트를 하러 오기도 하고 가족 단위로 유원지에 놀러 오기도 한다. 제각각 다른 목적을 가진 다양한 사람들이 지나간다. 그리고 아이부터 노인까지 누구나 다 받아들일 수 있는 것이 패밀리 레스토랑이다. 야구를 보러 갈 사람, 쇼핑하러 갈 사람, 유원지에서 실컷 놀고 피곤해서 돌아오는 가족들 누구라도 마음 편하게 들를 수 있다. 누가 어떤 상황에 방문하더라도 모두 수용할 수 있는 패밀리 레스토랑의 강점이 이 입지에서 십분 발휘된다.

가끔 가는 곳일수록 익숙함을 찾는다

이곳을 지나가는 사람을 '다양한 상황에 있는 다양한 고객층'이라고 한 문장으로 표현했지만 또 하나의 중요한 특징이 있다. 대부분 이곳에 아주 가끔 들른다는 것이다.

야구라면 정신을 못 차리는 팬이나 롤러코스터 마니아가 있어 어쩌면 매일 여기에 오는 사람이 있을지도 모르겠다. 그러나 대부분은 일상에서 벗어난 특별한 경험을 하기 위해 이곳에 오는 사람들이다. 보통은 기껏해야 한 달에 한두 번 오는 정도일 것이다.

사실 사람들은 자기가 다니는 길목에 어떤 가게가 있는지 정확히 기억하지 않는다. 매일 출퇴근하거나 등하교하면서 지나다니는 길이라도 그렇다. 더욱이 아주 가끔 가는 길가의 가게를 기억하는 사람은 거의 없을 것이다. 가끔 도쿄돔시티를 방문하는 사람에게 지나가는 길에 있는 가게는 매번 낯선 느낌일 것이다.

그런데 그 자리에 별로 유명하지 않은 음식점이 있으면 어떨까? 우선 들어가는 데 주저하게 된다. 입간판과 가게 밖에 비치된 메뉴를 보고 먹고 싶은 것이 있는지, 가격대가 맞는지 알 수는 있겠지만 분위기까지 알 수는 없다. 특히 집으로 돌아가는 길의 피곤한 상태라면 이것저것 생각하기 귀찮아진다.

이럴 때 잘 알고 있는 패밀리 레스토랑이라면 왠지 안심하고 들어갈 수 있다. 가격과 맛을 짐작할 수 있고 실망할 염려도 없다. 어린아이를 데리고 있어도 옆 사람 신경 쓰지 않고 시간을 보낼 수 있다. 전에 한 번 왔던 적이 있어도 다른 메뉴를 시키면 된다. 이렇게 잘 모르는 가게보다 익숙한 가게가 낫다는 생각에 여러 번 찾는 사람이 많을 것이다.

데니스에서 조금 앞쪽으로는 편의점 로손이 있다. 가장 비일상적인 구역에서 흔히 볼 수 있는 패밀리 레스토랑 다음에 흔한 것이 편의점이다. 역시 똑같은 이유다.

편의점도 패밀리 레스토랑처럼 고객을 가리지 않는다. 게다가 여기는 야구 관람에 필요한 아이템을 갖추고 있어서 손님들이 이를 구매하기 위해 들른다. 원하는 것이 있을 때 부담 없이 들를 수 있고 최소한의 물품은 모두 갖추고 있는 편의점의 특성이 이 상권에서 장점으로 발휘

된다.

　패밀리 레스토랑과 편의점이라고 하는 고객을 가리지 않는 업종이 도쿄돔시티 입구에 나란히 있는 것은 매우 타당하다. 방대한 통행량은 어떤 가게라 할지라도 수익성이 보장되는 조건임에 틀림없지만 업종에 따라서 그 결과가 크게 달라진다. 어떤 사람이 지나다니는지 그리고 그런 사람들을 잘 받아들일 수 있는 업종인지 연결성을 확인한 후에 입지를 고려해야 한다.

Location 📍 매장 중심으로 갈 것인가,
　　　　　 테이크아웃 중심으로 갈 것인가

학생과 직장인이 모인 입지라면 절반은 성공

　도쿄돔시티를 빙 둘러본 다음에는 다시 JR스이도바시역을 목표로 남쪽을 향해서 간다. 소토보리 도로와 간다 강을 건너면 동쪽 개찰구다. 그 옆으로 남쪽으로 더 나아가면 대학가다(그림 ⑱).

　JR스이도바시역 동쪽 개찰구에서 남쪽에 바로 있는 것이 도쿄치과대학이다. 그대로 한 블록 더 가면 도쿄치과대학 신관 건물이 있고 주변에는 니혼대학 경제학과와 법학부가 열 개 이상의 건물로 흩어져 있다. 더 남쪽으로 가면 부기전문학교나 디자이너 전문학교도 나타난다. 주위에는 입시학원도 있고 또 동쪽을 남북으로 가로지르는 학상 대로를 건너면 또 대학이나 고등학교, 전문학교가 모여 있다.

　대학, 고등학교, 입시학원이 있고 그 사이를 채우듯 3~4층의 낡은 사

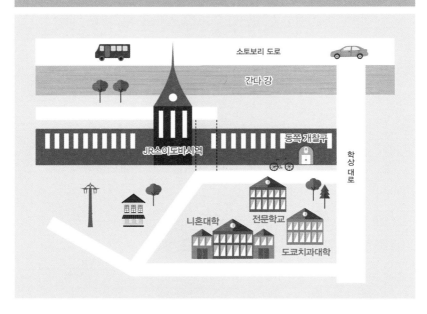

그림 ⑱ 스이도바시역 부근 대학가

[소토보리 도로]
[간다 강]
[JR스이도바시역]
[동쪽 개찰구]
[학상대로]
[니혼대학]
[전문학교]
[도쿄치과대학]

무용 빌딩이 밀집되어 있는 구역이다. 그래서 길거리에서는 젊은 학생들뿐 아니라 정장 차림의 직장인들이 걸어 다니는 것도 볼 수 있다.

앞선 이벤트 구역과 분위기가 확 다르다. 특히 도쿄돔시티 주변에 동서로 뻗은 소부선과 주오선을 경계로 화려한 모습은 완전히 사라져 전혀 다른 세상에 발을 들여놓은 느낌이 든다. 우선 음식점의 차이가 눈에 들어온다. 대로변에 가장 먼저 보이는 것은 이자카야나 라면 가게, 우동집이다. 대학의 고층 빌딩 숲 사이에 있는 낡은 저층 빌딩의 1층에는 작은 가게들이 늘어서 있다. 부담 없는 가격으로 단시간에 배고픔을 채워

주는 가게가 학생이나 직장인에게 먹히기 때문이다. 빌딩이 작아서 모두 정면 폭이 좁은 가게들이다.

대로 쪽에서 한 블록 안쪽으로 들어가면 길은 훨씬 좁아지고 저층 빌딩이 밀집한 길이 나온다. 메뉴는 다르지만 역시 1층에 처마를 나란히 맞대고 있는 작은 식당이 나온다. 초밥집, 고깃집, 만두 가게, 덮밥집 등이 늘어서 있다.

가게 앞은 깨끗이 청소되어 있지만 거리의 밀집도가 높고 빌딩은 낡아서 난잡해 보인다. 거리 전체에 통일감이 없어서 어수선한 느낌이 든다. 그중에서도 비교적 새로운 빌딩에 입점해 세련되어 보이는 가게가 편의점이다. 이 구역에는 편의점이 많은 편이라 역 부근에서 30m 차이로 서로 다른 체인이 마주 보고 있을 정도다. 주로 점심 도시락이나 가벼운 간식, 음료가 잘 팔린다. 편의점의 상품 구비는 어느 가게에서나 약 60%는 공통적이다. 약 40% 정도는 운영 방침의 차이로 다르지만, 거리가 30m에 불과하다면 정면승부가 불가피하다. 그래도 두 가게 모두 존재할 수 있는 것은 이 지역에 일정 수의 학생과 직장인이 있기 때문이다. 어떤 고객층도 수용할 수 있는 편의점과 같은 업종의 강점이 여기에서도 잘 드러난다.

커피를 어떻게 제공하느냐에 따라 입지가 달라진다

다시 서쪽 개찰구 구역으로 돌아와서 남쪽으로 향한다(그림 ⑲). 시선을 약간 위로 두고 보면 역 앞의 이자카야 간판이 눈에 들어온다. 5층 빌딩의 2층에 위치한 대형 이자카야 체인, 와라와라다.

저렴한 가격을 내세우는 이자카야 체인은 그야말로 대학가에 잘 어울린다. 미팅과 행사의 뒤풀이 등으로 학생들은 일 년 내내 술집을 이용한다. 친구들끼리 싸게 마실 수 있는 이자카야가 역 앞에 있는 것은 매우 타당하다.

이 가게는 학생들뿐만 아니라 직장인의 이용도 많다. 우선 대학 내 사무실에서 근무하는 직장인이 이용할 것이고 가까운 오피스 거리에서도 오기 편하다. 오피스 거리에서 JR스이도바시역 쪽으로 가는 직장인들은 횡단보도를 건널 때 반드시 이 간판을 보게 된다. 그래서 들르는 직장인도 있을 것이다.

또 한 군데 주목해볼 만한 가게가 이 이자카야와 함께 같은 빌딩에 입점해 있는 도토루 커피다. 일본에서 최대의 점포 수를 보유하고 있는 프랜차이즈 카페다.

이미 앞에서 다룬 엑셀시오르 카페는 북쪽에 있는 도쿄돔으로 가는 길에 있었는데 도토루 커피는 JR스이도바시역 서쪽 개찰구를 기준으로 방향만 반대이고 같은 위치에 있다. 엑셀시오르 카페와 도토루 카페는 단순히 위치가 남북으로 마주 보고 있는 것 뿐 아니라 운영 면에서도

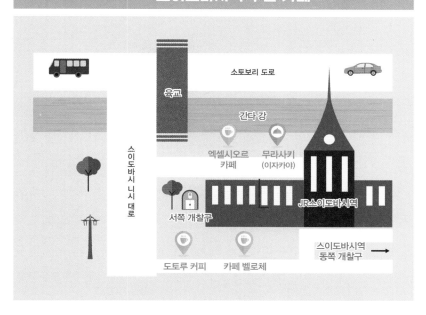

グリム⑩ 스이도바시역 부근 카페

소토보리 도로

육교

간다 강

스이도바시니시대로

엑셀시오르
카페

무라사키
(이자카야)

JR스이도바시역

서쪽 개찰구

스이도바시역
동쪽 개찰구 →

도토루 커피   카페 벨로체

대조해보기 좋다.

우선 대학가의 도토루 커피는 매장이 좁다. 5층 건물의 대지 면적 자
체는 넓지만 옆에 큰 계단이 장소를 잡아먹고 있어 실제 가게 폭은 좁
다. 자리는 1층과 지하 1층에 100석 정도가 있다. 이에 비해 북쪽의 엑
셀시오르 카페는 1층과 2층에 자리가 150석 정도 된다. 좌석 수 1.5배는
큰 차이가 아닌 것처럼 느껴진다. 그러나 도토루 커피는 1층과 지하에,
엑셀시오르 카페는 1층과 2층을 차지하고 있어 똑같이 두 층을 쓰고 있
어도 엑셀시오르 카페의 개방감이 더 크게 느껴진다. 그런데 매출에서

는 큰 차이가 없다. 이것은 무엇을 의미하는가.

두 카페는 좌석 배치부터 운영 방침에 큰 차이가 있다. 엑셀시오르 카페는 가게 안에 편하게 자리 잡고 커피와 샌드위치를 먹는 매장 중심형 가게다. 넓은 매장 안에는 1층과 2층 모두 창문이 있고 바깥 경치를 바라볼 수 있다. 이에 비해 도토루 커피는 테이크아웃 수요를 기대할 수 있다. 고객은 카운터에서 주문한 상품을 그대로 대학이나 사무실에 가져가 책상에서 마신다.

매장 중심형 가게인지 테이크아웃 가게인지에 따라 매장의 운영 방침이 달라진다. 두 요소를 적절하게 섞을 수도 있지만 어느 쪽에 더 높은 비중을 둘지 미리 확실하게 정해야 한다.

가게의 모습만 보면 면적이 크고 트여 있는 느낌이 드는 엑셀시오르 카페가 단연 유리해 보인다. 실제로 편하게 쉬고 싶을 때 이 가게를 선택하는 사람이 많을 것이다. 이런 면에서 도토루 커피는 불리하다. 면적은 좁은데다 지하라 한층 더 답답하게 느껴진다. 하지만 테이크아웃 중심이라면 운영하는 데 문제가 없다. 회전율이 좋아 면적이 작아도 상관없고 임대료도 저렴해서 운영에 도움이 된다. 면적이 좁아서 얼핏 보면 나쁜 입지로 보이지만, 테이크아웃 수요가 있어서 결코 불리한 것이 아니었다. 오히려 역세권이라는 장점이 매출에 훨씬 더 긍정적인 영향을 미쳤다.

대학가에 또 하나 대조해보기 좋은 제3의 카페가 존재한다. 앞에서 말한 도토루 커피에서 대학가 안쪽으로 약 100m 떨어진 장소에 있는 카페 벨로체다. 주로 도쿄 주변에 위치하고 프랜차이즈가 아닌 직영점으로 운영된다. 비교적 지은 지 얼마 안 되는 빌딩 1층에 있는 이 카페는 넓이가 도토루 커피의 세 배에 이른다. 도로를 따라 전면이 유리로 되어 있어 밝은 분위기의 매장은 마음이 편안해진다.

카페 벨로체는 역 앞과 같은 1급 입지에 얽매이지 않은 것이 특징이다. 역에서 보이지는 않지만 장소만 알면 금방 찾아갈 수 있는 1.5급 입지에 가게를 낸다. 역 앞에서 멀어질수록 임대료가 저렴해져 가게의 면적을 넓힐 수 있다. 1.5급 입지 특유의 장점을 살려 고객이 매장 내에서 여유 있게 시간을 보낼 수 있는 매장 중심 가게로 만들었다.

카페 벨로체는 처음 가는 고객에게 눈에 띄는 장소는 아니다. 하지만 한번 이용하면 언제든 편하게 쉴 수 있는 분위기가 고객의 재방문을 부른다.

매장 중심으로 갈 것인가, 테이크아웃 가게로 갈 것인가. 같은 대학가라도 전략에 따라 가게의 형태가 크게 바뀐다. 카페뿐 아니라 패스트푸드점에서도 제공 형태에 따라 입지를 고심해서 판단해야 한다.

임대료 줄이고 회전율 높이는
도심의 틈새 명당을 노려라

회전율을 높이는 것이 관건인 오피스 거리

JR 스이도바시역 서쪽 개찰구를 나와 바로 앞으로 뻗어 있는 대로를 넘어 서쪽으로 건너오면 오피스 구역이다. 고층 빌딩이 늘어서 있고 그 주변으로 크고 작은 저층·중층의 오피스 빌딩이 밀집해 있다(그림 ⑳).

장의 첫머리에 이 구역에서 근무하는 사람의 식사를 책임지기 위한 음식점이 많을 것이라고 예상했다. 음식점이 필요한 것은 틀림없지만 가게를 운영하는 입장에선 유지하는 일이 간단하지 않다.

오피스 단지의 특성을 보면 평일 낮에는 사람이 많지만 업무 시간이 지나면 인구는 격감하고 주말이나 공휴일엔 거의 없다. 또 평일 낮이라도 식사하는 시간은 점심시간이나 퇴근 후 등으로 극히 한정되어 있다. 대부분의 손님은 점심 식사 시간에 집중된다. 회사에 남아 야근을 하려

고 식사를 하는 경우도 있겠지만, 귀가하는 사람이 자기 회사 근처에서 먹고 돌아갈 확률은 거의 없다. 게다가 오피스 단지의 임대료는 결코 싸지 않다. 시내 중심가에서 가게를 운영하고 유지하려면 이러한 인구의 극단적인 변화를 먼저 고려해야 한다. 그 후에 경영이 성립되는 방법을 생각해야 하는 것이다.

이를 보완할 수 있는 형태가 바로 테이크아웃형 가게다. 대학가의 경우에서도 언급했듯이 테이크아웃 가게는 공간이 협소해도 운영이 가능하다. 비싼 임대료로 고민하지 않아도 된다. 이 스이도바시의 오피스 거리에도 테이크아웃 형태로 특화된 가게가 많은데 주로 카페다. 오피스 구역 내 2개의 고층 빌딩에 들어선 각기 다른 체인점 카페의 좌석 수는 모두 50석 안팎으로 대학가에 있던 도토루 커피의 절반, 엑셀시오르 카페 3분의 1 규모다.

고층 빌딩에서 일하는 사람의 수를 생각해보면 좌석 수를 좀 더 늘려도 괜찮아 보이지만 그렇게 되면 경영자는 가게를 유지할 수 없다는 것을 알고 있을 것이다. 매장 내에 고객을 붙잡아서 느긋하게 마시도록 하는 것이 아니라 테이크아웃으로 계속 물건을 내와서 회전율을 높게 유지해야 운영이 가능하다. 업종은 전혀 다르지만, 우동 가게 역시 같은 원리로 운영된다. 아무리 그래도 우동을 테이크아웃할 리는 없지만, 매장 안의 구조가 매우 간소해서 거의 서서 먹는 구조에 가깝다. 실제로 서서 먹는 공간을 마련해두어 피크 타임에 빠르게 대응하는 가게도 있다. 천천히 식사를 즐길 수 있는 분위기는 아니지만 바쁜 직장인에게는 짧은 시간에 배를 채울 수 있는 공간이 오히려 고맙다.

우동 가게라고는 하지만 규동(소고기 덮밥)과 오야코동(닭고기 계란 덮밥) 등 밥 종류도 갖춘 가게도 있어서 며칠 연속으로 메뉴를 바꿔가며 방문할 수 있다. 우동 가게는 고층 오피스 빌딩이나 저층 빌딩 어디든지 위치하여 이 오피스 단지에 완전히 정착한 업종 중 하나다.

같은 취지로 국숫집도 이런 구역에는 잘 들어맞는다. 짧은 시간 안에 먹을 수 있고 일반적인 식사 시간 이외에도 출출한 배를 채우기 위해 요깃거리로 찾는 수요가 있다. 작은 가게라도 점심시간부터 저녁까지 근근이 손님이 끊이지 않으면 장사는 성립된다.

오피스 거리에서 1.5급 입지가 가지는 힘

주식회사 긴자르누아르가 운영하는 찻집 르누아르는 도시의 오아시스와 같은 안락한 공간을 추구하며 주로 저층 빌딩 1층에 가게를 낸다. 좌석이 50석 안팎으로 앞에서 말한 고층 빌딩의 카페들과 같은 규모지만, 고급스러운 인테리어에 가게 안에 푹신한 소파를 마련해서 편하게 쉴 수 있도록 배려하고 있다.

커피와 같은 음료의 가격은 앞에서 말한 고층 빌딩 카페의 2배 이상이다. 임대료는 고층 빌딩에 들어가는 것만큼 높지는 않을 것이다. 고객이 가게 안에 장시간 있으면 회전율은 떨어지지만, 그것을 상품의 가격과 저렴한 임대료로 보완하는 구조다.

생각해보면 이런 오피스 단지에 넓은 공간을 얻어 음식점을 하는 것도 가능하다. 점심 때 최대한 빨리 식사를 마칠 수 있는 메뉴를 갖춘 후 회전율을 올려 고객의 집중적인 수요에 대응한다. 그리고 점심시간 이외에도 공간이 놀지 않도록 차와 케이크 등의 메뉴를 준비하면 된다.

대학가를 다룬 부분에 등장한 카페 벨로체가 바로 이런 방침으로 운영된다. 역 앞과 같은 1급 입지가 아니라 조금 떨어진 곳에 넓게 자리 잡아 점심 때 넓은 공간의 이점을 활용하여 많은 고객을 확보한다. 이 외의 시간에는 언제라도 쉴 수 있는 곳이라는 장점을 내세워 학생이나 직장인이 활용할 수 있도록 했다. 이 카페 체인점은 스이도바시의 오피스 거리에 있어도 좋을 것 같지만, 아직 가게를 낼 기미는 없다. 점심시간 외의 수요가 얼마나 될지가 과제일 것이다. 대학가라면 점심시간 이외에도 학생들이 수업과 수업 사이에 올 수 있지만, 오피스 거리에서는 직장인들이 식사 시간 외에는 마음 편하게 이용할 수 없다.

학생과 직장인 두 고객층이 혼재하는 대학가, 직장인이 대부분을 차지하는 오피스 단지는 큰 차이가 없어 보이지만 가게를 유지하는 입장에서는 큰 차이로 다가온다. 참고로 오피스 단지에는 음식점 외에는 가게가 거의 없어도 편의점은 항상 존재한다. 고층 빌딩마다 한 개씩은 꼭 들어가 있고 거리에도 여기저기 흩어져 있다. 어떤 고객층의 수요에도 응할 수 있는 편의점이지만 직장인이라는 한정된 고객층을 상대로 하는 구역에서도 충분히 성황이다. 낮 시간대에 이용객이 집중될 수 있지만 카운터를 늘리거나 도시락을 데우는 전자레인지의 대수를 늘리는 등 유연하게 대응하면 된다.

아직 최적의 입지는 남아 있다

이벤트 구역, 대학가, 오피스 거리라는 전혀 다른 세 개 구역의 가게

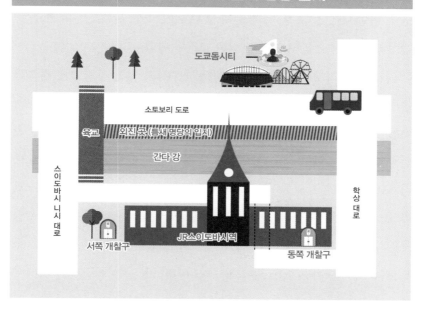

그림 ㉑ 스이도바시역 틈새 명당 입지

들이 어떤 식으로 존재하는지 둘러보았다. 스이도바시에는 이 세 가지 구역 어디에도 속하지 않은 독특한 공간이 있다. 이곳에서 일어나는 흥미로운 현상을 살펴보자. JR스이도바시역의 북쪽인 소토보리 도로를 건너면 나오는 이벤트 구역과 남쪽의 대학가의 딱 중간, 간다 강과 소토보리 도로 사이에 있는 공간이다(그림 ㉑).

간다 강 양쪽 기슭의 좁고 긴 장소에 건물이 늘어서 있고, 특히 소토보리 도로변은 비교적 지은 지 얼마 안 되는 고층 빌딩이 늘어선 오피스거리로 보인다. 오피스 거리지만 빌딩은 바로 간다 강을 바싹 등지고 있고 좁은 공간에 1층씩 겨우 나란히 서 있다. 한마디로 북쪽은 소토보리 도로, 남쪽으로 간다 강, 동쪽은 학상 대로, 그리고 서쪽도 남북으로 큰 길이 뻗어 있어서 막혀 있는 고립된 공간이 된다.

'외진 곳'이라고 했다가는 여기에서 근무하고 있는 사람에게 위화감을 줄 수 있겠지만, 이곳에 가게를 하는 사람에겐 이 표현이 어울린다. 예를 들어 점심 때 이곳에서 일하는 사람들이 식사하러 나왔을 때 동쪽 건물에 입점해 있는 맥도날드에 가지 않으면 횡단보도를 건너 소토보리 도로 맞은편, 도쿄돔시티까지 가야 한다. 반대의 경우는 있을 수 없다. 도쿄돔시티 부근의 가게의 수와 종류가 압도적으로 풍부하므로 일부러 도쿄돔시티 쪽에서 이쪽으로 식사하러 오는 사람은 드물다. 또 소토보리 도로는 자동차가 많이 지나다니지만, 공간이 한정되어 있어서 주차장 공간을 확보할 수가 없다. 자동차로 방문하는 것도 기대하기 어렵다.

그래서 이 공간에서 가게를 운영하려면 나가는 사람은 있어도 들어오는 사람은 없는 불리한 조건을 각오해야 한다. 동서로 300m, 남북은 가장 긴 곳이 30m에 지나지 않는 폐쇄된 공간의 한정된 사람들을 상대로 해야 하므로 부족한 부분 없이 완벽한 가게로 만들어야 성공할 수 있다. 현재 이 지역에는 일부 건물의 1~2층에 패스트푸드점이 몇 군데 들어와 있다. JR스이도바시역 동쪽 개찰구를 이용하는 사람들을 노리고 긴 공간의 동쪽에 집중되어 있다. 그러나 북쪽에서 역으로 향하는 사람들이 가다가 꺾어져서 이 공간에 있는 가게로 향하기는 어렵다.

　다만 여기에도 최적의 입지가 존재한다. 동쪽 맨 끝이다. 정확히는 도쿄돔시티 쪽에서 JR 스이도바시역 동쪽 개찰구를 향해서 가다가 소토보리 도로에 있는 횡단보도를 건널 때 정면으로 보이는 곳이다. 여기에 음식점을 열면 사람들의 눈에 띄고 횡단보도를 오가다가 쉽게 들를 수 있다. 편의점을 한다면 틀림없이 크게 번창할 것이지만 면적이 부족하다. 지금 이 공간에는 중간 높이의 빌딩이 있고 1층에서는 티켓 판매점이 영업하고 있다.

　가끔 도심에는 이런 틈새 명당인 입지가 나타난다. 잠재력을 알아차리는 사람은 적지 않겠지만 규제나 여러 조건이 맞지 않기 때문에 재개발하지 않는 경우도 많다. 가능성을 가진 입지는 전국에 있으므로 잠들어 있는 입지를 발굴하고 이상적인 재개발을 하는 것이 필요하다. 이는 가게를 운영하는 사람뿐만 아니라 그 거리에 사는 사람에게도 좋은 영향을 미치는 일이다.

카페를 찾는 이유는
나라마다 다르다

새로 가게를 낼 때 입지가 중요한 것은 어느 나라나 마찬가지다. 입지를 과학적으로 분석하는 것도 나라를 불문하고 적용할 수 있다. 하지만 소비자가 가게에 기대하는 가치는 나라마다 다르다. 가게를 성공적으로 이끌려면 그 차이를 확인할 필요가 있다.

한국에는 체인 카페에서 개인 카페까지 다양한 형태의 가게가 다양한 입지에 들어서 있어서 서울 시내를 걷고 있으면 많은 카페를 볼 수 있다. 커피 한잔이 4,000원에서 6,000원이라는 높은 가격에 형성되어 있지만 한국 사람들에게 카페는 인기가 좋다. 왜일까? 카페에 가는 목적이 일본인인 나와는 다르기 때문이다.

한국인들이 카페에 가는 이유에 대해 조사해본 결과 빌라, 아파트와 같이 공동주택에 복수세대가 거주하고 있는 경우가 많다 보니 혼자만의 시간을 갖기 위해 찾는다는 것을 알 수 있었다. 한국에서 카페는 혼자 있을 수 있는 몇 안 되는 중요한 공간이었다. 실제로 카페를 방문하면 이러한 수요에 부응하기 위해 각 매장에서 안락한 공간을 마련하고 고급스러움을 연출하는 등 높은 부가가치를 제공한다. 한국에서 카페는 '커피 한 잔을 마시는 곳'이 아니라 '얼마나 기분 좋게 시간을 보낼 수 있을까'의 역할이 중요한 곳이다.

　가게를 낼 때 어느 나라에 가도 입지의 중요성은 공통적이다. 하지만 제각각 가치관이 다른 나라들에서 고객의 심리와 그 수요를 올바르게 이해하는 것이 무엇보다 중요하다. 중국을 방문했을 때 앞에서 말한 한국의 인기 있는 카페 체인점을 찾았지만, 옆에 있는 패스트푸드점은 대기하는 손님까지 있었음에도 불구하고 한산했다. 각 국가 고객의 수요에 맞는 상품과 서비스를 제공할 수 있어야 가게를 성공적으로 이끌 수 있다.

실질업종의 개념으로
비즈니스를 이해하라

제6장은 비즈니스의 특성에 따라서 걸맞은 입지가 다르다는 사실을 세부적인 사례로 보여주고 있다. 이해를 돕기 위해 이 내용을 국내의 상황에 맞게 정리해보자.

패밀리 레스토랑의 입지 사례부터 살펴보자. 현재 우리나라는 패밀리 레스토랑이 다소 쇠퇴했기 때문에 책의 사례가 다소 생소하게 느껴질 수 있다. 이때 패밀리 레스토랑 대신 일반적인 프랜차이즈 카페를 떠올리면 조금 더 이해가 쉽다.

이 사례는 가장 많은 사람이 오가는 입지엔 가장 대중적인 브랜드와 비즈니스가 입지할 수밖에 없다는 점을 알려준다. 패밀리 레스토랑은 대중성으로 승부를 보는 곳이지 특색으로 승부를 보는 곳이 아니다. 특별한 메뉴를 원하는 사람은 고급 식당으로 갈 것이다. 즉, 대중적인 비즈니스는 그 특성상 고객을 끌어들일만한 직접적인 유인력을 가지고 있지 않다. 그래서 패밀리 레스토랑 같은 대중적인 비즈니스는 철저히 지역의 유동 인구에 의존하며 번화가의 주요 동선에 자리할 수밖에 없다.

비즈니스 모델의 리스크 관점에서 보면 이 점이 더 두드러진다. 대중적인 프랜차이즈 비즈니스는 이미 여러 곳에서 성공한 이력이 있고 대중에게 널리 알려져 있기에 비즈니스 모델 자체가 가지고 있는 리스크가 낮다. 사람들에게 충분히 알려져 있고 그만큼 익숙하기에 유동 인구가 많은 입지에 자리하는 게 매출을 극대화하는 방안이다.

반대로 프랜차이즈가 아닌, 인지도가 낮고 다른 곳에 없는 상품과 서비스를 판매하는 비즈니스라면 모델 자체가 가지고 있는 리스크가 크다. 그래서 임대료가 낮은 이면도로나 배후지에 자리하면서 비용을 최소화하는 게 올바른 전략이다.

앞에서 비즈니스의 특성에 따라 서로 다른 입지를 설명한 도토루와 엑셀시오르 카페 사례는 조금 더 직관적인 설명이 필요할 듯하다. 나는 이를 '실질업종'이란 개념으로 이야기한다. 예를 들어

스타벅스와 빽다방은 커피를 판다는 점에서 같은 업종이자 비즈니스이다. 하지만 두 브랜드가 실질적으로 수행하는 비즈니스를 보면 이 둘의 실질업종은 다르다.

스타벅스는 커피를 팔긴 하지만 실질적으로는 커피값으로 공간을 임대하는 임대업에 가까운 영업행태를 보인다. 공간 임대의 대상 고객은 주로 대졸, 고소득, 전문직이다. 이런 까닭에 스타벅스는 오피스 지역과 대학가, 고급 아파트 단지 등에 가까우며 비교적 넓고 좋은 입지를 차지한다.

그러나 빽다방과 같은 커피전문점은 철저하게 테이크아웃 위주로 돌아간다는 점에서 유통업에 가까운 영업행태를 보인다. 매장 체류를 허용하지 않는 대신 저렴한 가격과 빠른 회전으로 수익을 내는 구조이기에 매우 작은 공간으로도 비즈니스를 할 수 있으며, 코너보다는 다소 임대료가 저렴한 대학가, 시장 등의 이면도로를 선호한다.

비슷하지만 다른 예로 우리가 외식 장소로 흔히 찾는 고깃집이 있다. 일반적인 고깃집의 실질적인 업종은 요식업이 아니라 임대업에 가깝다. 찾아온 고객을 위해 고기를 팔고 그 대가로 고기를 구울 수 있는 자리와 불판을 임대하는 방식이다. 이런 임대형 비즈니스는 특성상 브랜드나 입지가 탄탄하지 않기 때문에 유동 인구가 많은 지역에 위치해야 매출을 극대화할 수 있다. 먹자골목 안에서도 비싼 입지는 주로 고깃집이 점령하는 까닭이다.

반면 최근 트렌드인 고기를 구워주는 가게는 좀 더 요식업에 가까운 형태다. 인건비 비중이 고깃집보다 높고 어느 정도 차별화가 된다는 점에서 이들은 입지에 전적으로 의존하지 않아도 된다. 그래서 번화가에서도 다소 임대료가 저렴한 지역이나 외곽 지역에 위치한다.

돈과 사람을
끌어당기는
입   지   의
비   밀

제7장

자리만 바꿔도
매출이 오른다

매출요인
10가지 공략법

매출을 끌어올리는
10가지 체크포인트

고객을 모으는 힘 – 고객 유도 시설

매출과 관련된 매출요인에 대해서는 제1장에서 간단하게 다루었다 (그림 ㉒). 여기에서는 지금까지 살펴본 구체적인 사례를 떠올리면서 다시 한번 매출요인을 상세하게 살펴보려고 한다.

첫째로 고객을 끌어들이는 고객 유도 시설은 가게 옆에 있는 것만으로 매출이 크게 오르는 중요한 입지요소다. 대표적인 고객 유도 시설은 역이다. 역은 다양한 사람들이 이용하기 때문에 어느 업종이라도 강력한 고객 유도 시설로 작용한다. 역과 가까우면 가까울수록 매출이 높아진다는 법칙도 성립된다.

일본에서 가장 승하차 고객 수가 많은 신주쿠역은 JR선 이용객만 약 150만 명이다. 주변의 민영철도의 각 노선까지 포함하면 1일 이용객이

350만 명에 이른다. 승하차객 수 세계 1위의 역이다. 신주쿠역이라고 하는 강력한 고객 유도 시설이 존재하여 신주쿠 거리는 그 자체가 창업자들에게 대단히 높은 가치를 지니게 된다.

대규모 상업 시설도 고객 유도 시설이다. 사람이 끊이지 않고 드나드는 대형 상업 시설 내부나 근처에 가게가 있으면 자연스럽게 사람이 모여든다. 앞서 말했던 스이도바시로 말하면 라쿠아는 물론 도쿄돔, 윈즈 고라쿠엔도 고객 유도 시설이다. 이 시설을 모두 망라한 도쿄돔시티 그 자체를 하나의 큰 고객 유도 시설이라고 볼 수 있다.

교외에서는 대형 교차로, 간선도로, 고속도로의 인터체인지나 고속도로 간 교차로도 고객 유도 시설이 된다. 역, 상업 시설과 교차로를 동등하게 취급하는 것이 의아할 수도 있다. 그러나 교차로 가까이에 있는 가게라면 존재만으로도 눈에 띄어 손님들이 방문하게 된다. 특히 자동차로 교외로 나갈 때를 생각해보면 고속도로의 교차로나 인터체인지는 자동차가 지나갈 수밖에 없는 장소라는 걸 이해할 수 있다. 확실히 이 주변의 가게들은 주차장을 갖추고 손님을 모으는 모습을 볼 수 있다.

이와는 반대로 극히 작은 범위의 고객 유도 시설도 있을 수 있다. 예를 들어 상업 시설 내부의 중앙 출입구나 주차장 통로, 에스컬레이터, 엘리베이터 등도 사람이 모이는 곳이기 때문에 고객 유도 시설이 된다. 이 근처에 가게를 차리면 지나가던 사람들이 자연스럽게 들를 확률이 높아진다. 반대로 출입구나 에스컬레이터 출구로부터 먼 곳에 있으면 가게를 발견하는 것조차 어려워진다.

가게의 입지를 검토할 때는 이렇게 사람이 많이 모이는 기점을 파악할 필요가 있지만, 단지 사람 수가 많다고 좋은 것은 아니다. 가게의 고객층에 부합하는지가 더 중요하다는 것은 이미 서술한 대로다.

스이도바시의 도쿄돔시티 입구에서 처음 발견한 가게는 의외로 패밀리 레스토랑이었다. 도쿄돔시티는 서로 다른 목적을 가진 사람들을 빨아들이는 거대한 고객 유도 시설이다. 소수의 사람만 들어갈 것 같은 고급 레스토랑이나 화려한 인테리어의 바가 아니라, 남녀노소 누구라도 이용할 수 있는 패밀리 레스토랑이야말로 이 장소에 어울린다.

가게를 알리고, 기억하게 만든다 – 인지성, 시계성, 주지성

가게가 있는 장소와 가게의 존재가 알려져 있지 않으면 사람은 오지 않는다. '어디에 무슨 가게가 있는가'라고 하는 인지성은 가게 매출에 직결되는 중요한 요소다. 인지성에는 시계성과 주지성 두 가지가 있다.

대로에 접한 곳에 가게를 오픈해도 가게가 바로 인도 쪽에 접하지 않고 2층이나 지하에 있다면 지나가는 사람들에겐 보이지 않는다. 그래서 누가 봐도 가게가 존재한다는 것을 알 수 있도록 정면에 간판을 달거나 쇼윈도에 상품을 진열하고 현수막을 설치한다. 음식점이라면 입구 앞에는 반드시 메뉴를 볼 수 있도록 입간판을 준비하는 것이 좋다. 이런 노력을 통해 시계성이 향상된다.

'시계성'은 아래 네 가지 포인트로 평가한다

① 기점(어디에서 보이는가?)

② 대상(무엇이 보이는가?)

③ 거리(어느 정도 거리에서 보이는가?)

④ 주체(어떤 상태에서 보이는가?)

간판이 어느 방향에서, 어느 정도의 거리에서, 어떤 상태로 보이는지에 따라 방문객 수가 좌우되고 매출에 큰 영향을 미친다. 거리에 있는 가게라면 보행자의 눈에 자연스럽게 간판이 들어오도록 해야 한다. 뿐

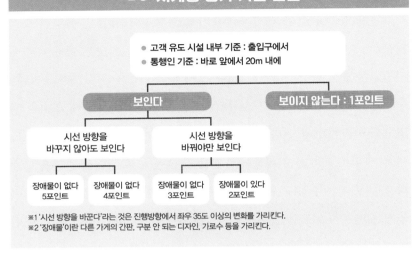

그림 ❷ **시계성 평가 기준 샘플**

- 고객 유도 시설 내부 기준 : 출입구에서
- 통행인 기준 : 바로 앞에서 20m 내에

보인다 — **보이지 않는다 : 1포인트**

시선 방향을
바꾸지 않아도 보인다

시선 방향을
바꿔야만 보인다

장애물이 없다
5포인트

장애물이 없다
4포인트

장애물이 없다
3포인트

장애물이 있다
2포인트

※1 '시선 방향을 바꾼다'라는 것은 진행방향에서 좌우 35도 이상의 변화를 가리킨다.
※2 '장애물'이란 다른 가게의 간판, 구분 안 되는 디자인, 가로수 등을 가리킨다.

만 아니라 '20m 앞에서 보일까', '간판이 보행자를 향해 있는 것일까', '점포나 간판이 보행자의 시야의 35도 이내에 있을까' 하는 세세한 것 까지 평가의 기준이 되어야 한다.

간판은 일부러 시선을 돌리지 않아도 자연스럽게 보이는 35도의 범 위 안에 있어야 비로소 의미를 갖는다. 또 가까이에 역이나 대형마트 같 은 고객 유도 시설이 있는 경우 해당 시설의 출입구에서 매장이 보이는 지도 고려해야 한다. 시계성은 거리의 경관에도 큰 영향을 받는다. 건물 이 빽빽하게 들어선 도심이라면 가게의 폭이 좁아 시계성이 크게 손해 를 보게 된다. 인도에 입간판을 세워놓는 등의 보완이 필수적이다.

주지성이란 가게의 브랜드를 사람들이 얼마나 알고 있는지에 대한 지표다. 조사 결과 맥도날드의 빨간 바탕에 노란색 문자 간판은 일본 사람 97.9%가 알고 있는 것으로 드러났다. 간판을 휙 하고 지나치기만 해도 맥도날드라는 걸 알아차린다는 얘기다.

그 지역에서 가게(아니면 브랜드)를 알고 있는 사람이 많으면 가게를 방문할 확률이 높아진다. 지역에 전단지를 돌리고 거리의 안내 지도에 추가하는 등 가게를 알리는 활동은 시계성, 주지성 모두를 향상시키는 방법이다.

사람이 움직이는 길을 놓치지 않는다 – 동선

역이 강력한 고객 유도 시설인 것은 이미 서술했다. 아침에 사람들은 출근과 등교를 위해 가장 가까운 역을 향하고 다른 역에 도착해 또 목적지를 향해 간다. 목적지인 사무실, 학교가 있는 구역은 또 하나의 고객 유도 시설이다.

이런 하나의 고객 유도 시설과 다른 고객 유도 시설을 연결하는 길을 '동선'이라고 부른다. 고객 유도 시설과 마찬가지로 동선 위에도 사람이 집중된다. 사람의 다니는 길의 흐름을 발견하면 반드시 그 흐름의 출발점이 되는 고객 유도 시설과 도착점이 되는 고객 유도 시설을 발견할 수 있다. 고객 유도 시설은 겉모습만으로 확실하게 알 수 있는 것에 비해 동선은 의식해서 보지 않으면 알아보기 힘들고 변하기 쉽다.

동선에는 아래 설명처럼 몇 개의 종류가 있다.

✅ 주 동선(단독 동선)

두 개의 고객 유도 시설 사이를 잇는 심플한 동선이 '주 동선'이다. 단독 동선'이라고도 부른다. 고객 유도 시설을 잇는 가장 일반적인 동선으로 고객 유도 시설의 종류와 특성, 통행자의 양과 질, 성별과 연령, 직업 등에 그대로 영향을 받는다.

동선을 지나가는 사람들은 그 거리에 사는 사람들이 대부분이겠지만 고객 유도 시설이 매우 특수한 사람을 타깃으로 한다면 동선도 당연히 한정된 계층의 사람들만 지나게 된다.

✅ 복수 동선(회유 동선)

고객 유도 시설이 몇 개나 있고, 복수의 동선이 혼재하는 경우 이를 '복수 동선'이라 한다.

예를 들어 대형 매장이 늘어선 교외의 간선도로나 고층 빌딩이 집중된 도심의 오피스 거리는 길을 지나다니는 사람의 목적이 고객 유도 시설의 수만큼 다양해서 그 양과 질을 구분하는 것이 어렵다.

복수의 고객 유도 시설이 일직선 위에 있지 않고 곳곳에 흩어져 있어 면적이 넓어지면 통행하는 사람은 그곳을 두루 돌아다니면서 구경하는 경향이 있다. 이때 생기는 것이 '회유 동선'이다.

✔ 부동선(이면 동선)

부동선이란 주 동선과 같이 고객 유도 시설을 출발점으로 하면서도 주 동선과는 별개로 생기는 사람의 왕래를 말한다. 이를 '이면 동선'이라고 한다.

중심도로는 아니지만, 여러 가게가 모여 주 동선 못지않은 사람의 흐름이 생길 때가 있다. 도쿄 시부야구의 캣스트리트(옛 명칭은 시부야 가와 유 인도)가 좋은 예다. 오모테산도와 교차하는 캣스트리트의 북쪽 구역은 '우라산도'라고도 불리며 앞쪽 중심도로 못지않게 많은 사람이 왕래한다.[1]

✔ 접근 동선

업종과 경쟁 상태에 따라 달라지긴 하지만 도보 기준 주 동선과의 거리가 50m 이내에 접근한 동선을 '접근 동선'이라 한다.

도쿄 긴자는 백화점과 복합빌딩, 오피스 빌딩이 흩어져 있는 일본의 대표적인 상업 구역이다. 세계 각지에서 쇼핑하러 오는 사람으로 북적

●　●

1　역자 주 - 일본어로 '오모테'는 앞쪽을 '우라'는 뒤쪽을 지칭하는 것에서 온 언어유희다.

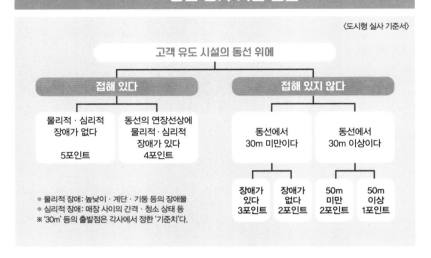

그림㉔ 동선 평가 기준 샘플

〈도시형 실사 기준서〉

고객 유도 시설의 동선 위에

접해 있다

물리적 · 심리적
장애가 없다

5포인트

동선의 연장선상에
물리적 · 심리적
장애가 있다

4포인트

● 물리적 장애: 높낮이 · 계단 · 기둥 등의 장애물
● 심리적 장애: 매장 사이의 간격 · 청소 상태 등
※ '30m' 등의 출발점은 각사에서 정한 '기준치'다.

접해 있지 않다

동선에서
30m 미만이다

동선에서
30m 이상이다

장애가
있다
3포인트

장애가
없다
2포인트

50m
미만
2포인트

50m
이상
1포인트

이는데 긴자 미쓰코시백화점이나 긴자 마쓰야백화점으로 향하는 하루미 대로를 주의 깊게 관찰하면 보행자의 수와 북적임에 큰 차이가 있다는 사실을 알 수 있다.

JR유락초역에서 복합 상업 시설인 유락초이토시아를 빠져나가 긴자 4초메 교차로를 향하는 도로는 음식점과 의류 매장, 귀금속 매장이 여기저기 흩어져 있고 보행자도 많아서 매우 북적거린다. 하지만 주오 대로(긴자 대로)를 지나서 쇼와 대로로 향하는 도로에는 사람 통행이 적은 장소가 있다. 고객 유도 시설이 모든 방향에 존재하지만, 그 수나 종류, 조합에 따라 동선에 차이가 나타나게 된다. 복수의 고객 유도 시설이 있는 경우 어디에 동선이 생기는지를 주의 깊게 관찰할 필요가 있다.

많은 고객을 수용할 수 있도록 만들어라 – 건물 구조

매장 면적과 주차장 대수, 좌석 수, 출입구의 수와 위치 등은 가게의 매출에 큰 영향을 주는 요소다. 이를 '건물 구조'라 부른다. 건물 자체뿐만 아니라 가게 주변의 지형도 매출에 크게 영향을 주기 때문에 건물 구조의 일부다.

일반적으로 가게의 규모가 커질수록 매출도 올라가지만 업종에 따라서 차이가 있다. 대형마트는 면적이 크면 클수록 매출이 증가한다. 이에 비해 음식점이나 소매점 같은 소규모 가게에서는 좁은 내부의 공간을 키우면 매출이 증가하지만 면적이 어느 일정 수준에 다다르면 매출은 제자리걸음을 하게 된다.

음식점 매출에 크게 영향을 주는 것은 면적보다는 좌석 수다. 좌석 수가 많아지면 많아질수록 매출은 올라간다. 단 1인석이나 2인석을 늘릴지 4인석이나 6인석을 늘려 가족 단위로 방문하게 할 것인지 고객층을 확실히 할 필요가 있다. 교외에 있는 매장이라면 주차장은 필수조건이다. 주차장 대수를 늘리면 늘릴수록 많은 방문객을 받아들일 수 있어서 실제로 매출이 늘어난다. 또 주차장 출입구도 많을수록 방문객이 늘어난다.

가게의 입구가 중심도로에 면해 있으면 방문객 수와 매출은 증가한다. 특히 도시에서는 매장 입구의 폭이 넓을수록 매출이 상승한다. 가게가 모퉁이에 있고 그 두 면의 폭이 넓어서 출입구를 낼 수 있으면 가장 이상적이다.

　매장에서는 자주 증개축을 시도하지만, 현실적으로 건물 구조를 크게 바꿀 수는 없다. 증개축을 하더라도 어떻게 해야 효과적인지 이해한 다음 범위를 좁혀서 진행해야 한다. 경우에 따라서는 보다 넓은 곳으로 이전한다거나 건물 그 자체를 헐고 다시 짓는 등 과감한 대형화가 필요하기도 하다.

들어갈 때부터 편안해야 한다 – 접근성

　매장과 그 부지에 들어가기 쉬운지 어려운지를 나타내는 것이 접근성이다. 접근성에는 건물에 실제로 장애물이 있는 물리적인 요인과 인도의 폭이 좁아서 가게 앞까지 가는 데 거부감이 드는 심리적인 요인 등 두 가지가 있다.

　가게 앞의 인도 폭이 넓으면 넓을수록 접근성은 양호하다. 좁은 인도에서는 앞다퉈 가려고 하는 심리가 발동해서 걷는 속도가 빨라지기 때문에 가게를 그대로 통과해버릴 가능성이 크다. 그래서 가게 앞의 인도 폭은 적어도 2~3m 이상은 확보하는 것이 좋다. 주차장에서는 주차 대수가 충분히 확보되어 있고 차를 후진하거나 돌릴 수 있는 공간이 있으면 접근성이 향상된다.

　그러나 물리적인 접근성을 양호하게 만든다 하더라도 심리적인 면을 소홀히 하면 손님들에게 외면받는다. 가게 앞 인도에 위법으로 주차된 자전거가 잔뜩 있으면 지저분해 보여 손님이 들어가지 않을 것이다. 가게 입장에서는 손해를 볼 수밖에 없다.

주차장 안이 넓어도 입구가 좁으면 역시 접근하기 힘들다. 운전에 익숙하지 않은 사람이라면 더욱 그렇다. 실제로 위험한 정도는 아니어도 심리적인 거부감이 생긴다. 인도에 면한 빌딩에 가게를 냈을 때 1층이라면 손님들이 저항감 없이 들어올 수 있지만, 2층에 있으면 계단을 올라가는 수고가 필요하다. 지하도 마찬가지다. 3층 이상은 엘리베이터를 이용하면 괜찮을지 모르지만, 지상에서 가게가 직접 보이지 않으면 접근이 꺼려진다. 1층이 아닌 2층 이상의 가게는 계단을 오르내리는 물리적 요인의 접근성뿐만 아니라 심리적 접근성도 나쁘다는 점을 고려해야 한다.

가게 출입구가 여러 개 있으면 접근성은 좋아진다. 앞서 말했듯이 가게가 모퉁이 부지에 있어서 출입구가 두 개의 면에 있으면 접근성이 양호하다고 할 수 있다. 출입구가 한 개의 도로에만 접해 있는 가게에 비해서 매출은 확실히 증가한다.

최근에 감소하는 경향이 있지만, 대부업체나 유흥업소 등의 간판이 난립하고 있는 빌딩 위쪽의 음식점은 들어가기 꺼려진다. 지하도 마찬가지다. 천장이 없이 뚫린 것처럼 된 구조라 가게 안의 모습을 들여다볼 수 있는 가게라면 모르겠지만, 계단이 좁고 꺾여 밖에서 가게 입구가 보이지 않으면 내려갈 기분이 들지 않는 것이 사실이다.

교외에 있는 매장에는 주차장에 차가 쉽게 들어갈 수 있는지에 따라 접근성이 크게 달라진다. 우선 주차장을 쉽게 발견할 수 있어야 하는데 커브에 가려지면 고객이 주차장 입구를 못 찾아 헤매는 경우가 발생한다. 적어도 100m 이상 앞에서 간판으로 매장의 존재를 알리고 30m 앞에서는 주차장 입구를 확실히 알아볼 수 있도록 아이디어를 내야 한다.

주차장을 발견하더라도 천장이 낮고 입구가 좁아 움직일 여유가 없어 보이면 손님은 들어가기를 꺼려 한다. 시계성과 함께 접근성도 손해를 보게 되는 것이다. 한 번 나쁜 기억이 생기면 소비자는 두 번 다시 방문하지 않는다.

그림 ㉕는 가게 앞의 인도 폭, 높낮이, 모퉁이에 대해 각각 3단계로 접근성을 평가한 예다.

지역 내 인구 조사부터 하자 – 시장 규모

가게 주변에 많은 주민이 살고 있거나 오피스 단지여서 근무하는 사람이 많으면 그것만으로도 매출은 올라간다. 가게(또는 후보지)에서 반경 몇 킬로미터 안쪽에 얼마나 많은 사람이 살고 근무하는지에 대한 인구 데이터가 시장 규모다. 자료를 통해 조사할 수 있어서 출점을 계획하

그림 ㉖ 접근성 평가 기준 샘플

● 가게 앞 인도 폭

5포인트	3포인트	1포인트
4.0m 이상	2.0m 이상	2.0m 미만

● 높낮이

5포인트	3포인트	1포인트
영향이 없다	영향이 있다	영향이 크다

● 모퉁이 평가

5포인트	3포인트	1포인트
교차로 모퉁이	T자로 모퉁이	모퉁이가 아니다

고 있는 기업이 반드시 분석하는 요소다.

가게에는 원칙적으로 상권 내 인구수를 웃도는 수의 고객이 방문하지 않기 때문에 시장 규모는 새로운 지방에 출점을 고려할 때 지역을 걸러내기 위한 지표로 사용할 수 있다.

기존에 운영 중인 가게도 시장 규모로 알 수 있는 것이 많다. 충분한 시장 규모가 있는 구역임에도 불구하고 매출이 늘어나지 않아 고민인 가게가 있다면 본격적인 개선이 필요하다. 애초에 상권 내의 인구, 즉 시장 규모가 충분하지 않으면 철수도 고려해야 한다.

그림 ㉖ 시장 규모 평가 기준 샘플

● 연간 소매 판매액　　　　　　　　　　전 업계에 필요한 잠재적 데이터

5포인트	4포인트	3포인트	2포인트	1포인트
2조 원 이상	1조 원 ~ 2조 원	3,000억 원 ~ 1조 원	1,000억 원 ~ 3,000억 원	1,000억 원 미만

● 주간 인구　　　　　　　　주간 인구 차이가 적은 점포는 '야간 인구'를 집어넣는다.

5포인트	4포인트	3포인트	2포인트	1포인트
10만 명 이상	6만 명 ~ 10만 명	2만 명 ~ 6만 명	1만 명 ~ 2만 명	1만 명 미만

● 승하차객 인원수　　　　　　　　역 승하차객 수는 그 거리의 크기도 나타낸다.

5포인트	4포인트	3포인트	2포인트	1포인트
100만 명 이상	25만 명 ~ 100만 명	7만 명 ~ 25만 명	5만 명 ~ 7만 명	5만 명 미만

　편의점 업계 1위인 세븐일레븐은 인구가 많은 지방 순으로 출점해왔다. 다른 업종도 그렇지만 편의점의 매출은 특히 시장 규모에 크게 의존하므로 이를 자각하고 계획적으로 출점 전략을 세워야 함은 익히 알고 있는 바다.

　그림 ㉖은 시장 규모를 연간 판매액, 주간 인구, 역 승하차객 수의 관점으로 각각 5단계로 분류한 예다.

　도시에 입점하는 음식점을 기준으로 만든 자료여서 '연간 소매 판매액'을 사용하였고 보완을 위해 '역 승하차 고객 인원수'도 함께 이용했다.

시장 규모를 다음과 같이 분류하여 평가하는 예도 있다.

《레벨 1》

생활도로변에 상점이 드문드문 늘어서 있고 상점의 뒤쪽은 주택가다

《레벨 2》

상점이 모인 상점가가 있고. 집 근처에서 편의품[2]이나 일부의 선매품[3]을 구입

할 수 있다.

《레벨 3》

중형 규모 정도의 대형소매점이 있고, 사람들도 많이 다닌다. 소비재나 일부

선매품을 구입할 수 있다.

《레벨 4》

복수의 대형소매점이 존재하고 상점도 있다. 선매품 대부분을 구입할 수 있다.

《레벨 5》

많은 대형소매점 등이 모여 있고, 편의품과 선매품은 물론, 전문 제품(고급 브

랜드 제품 등)도 구입할 수 있다.

• •

2 역자 주 – 제품에 대하여 완전한 지식이 있으므로 최소한의 노력으로 적합한 제품을 구매하려는
  행동의 특성을 보이는 제품(식료품이나 일용품)

3 역자 주 – 제품에 대한 완전한 지식이 없으므로 구매를 계획하고 실행하는 데 많은 시간과 노력
  을 소비하며, 여러 제품을 비교하여 최종적으로 결정하는 구매 행동을 보이는 제품(가전제품이
  나 의류 등)

인구 중에서 타깃이 되는 고객을 찾아라 – 상권의 질

아무리 시장 규모가 있어도 노년층이 많은 주거지 옆에 젊은 고객을 대상으로 한 잡화점을 열면 매출을 기대할 수 없다. 젊은 여성 대상의 의류·악세사리 매장을 연다면 그 구역의 인구 중 해당 연령의 여성이 어느 정도 있는지를 조사할 필요가 있다. 성별이나 연령, 직업이나 가족 수, 수입 등 타깃이 되는 사람의 종류와 행동의 패턴을 '상권의 질'이라고 부른다.

고층 오피스 빌딩이 늘어서 있는 오피스 단지, 공장과 창고가 늘어선 공업단지와 같이 겉으로 봤을때 상권의 질을 짐작할 수 있는 경우도 있지만 다양한 층위의 사람들이 섞여 있는 경우가 더 많다. 그래서 가게 주변에 걸어 다니는 사람들의 특성을 조사할 수밖에 없다. 평일과 휴일의 통행량, 야간과 주간의 인구, 연령별 인구, 소매 판매액, 남녀 비율, 연령별 인구 비율 등의 실측값을 가까운 관청에서 수집한다.

정량적 데이터 수집과 함께 직접 정성을 들여 자료를 수집해야 하는 경우도 있다. 통행인의 복장이나 소지품, 걷는 속도를 같이 관찰하고 기록하면 상권의 질이 그려진다.

조사와 평가의 일례가 그림 ㉗이다. '통행인이 이 거리로 오는 목적'에서는 구역에 오는 목적이 명확할수록 목적 이외의 행동은 하지 않는다. 그리고 명확하지 않을수록 일반적으로 구매 행동으로 쉽게 연결된다.

조사 대상으로 한 지역이 어떤 상권의 질을 갖추고 있을까? 지역 사

〈도시형 실사 기준서〉
대상 물건의 주변 50m의 매장 방문 가능한 범위 내에서 통행인의 상태를 관찰해서 아래 관점으로 평가한다.

● 휴일 · 평일 통행량 비율 (평일/휴일)

5포인트	3포인트	1포인트
150% 이상	90% 이상	90% 미만

● 여성 비율【통행인의 편향성】

5포인트	3포인트	1포인트
70% 이상	50% 이상	50% 미만

● 통행인의 거리 방문 목적

5포인트	3포인트	1포인트
목적 없는 사람이 많다	구매 목적이나 출퇴근 목적으로 온 사람이 반반 정도	교통 기관 이용을 목적으로 걸어왔다

람들의 행동 패턴은 주로 다음의 5가지 타입으로 나뉜다. 이 타입이 몇 개씩 혼합되어 있다고 생각하면 상권의 질을 파악하기 쉽다.

《오피스성/완전목적성》

대부분의 사람이 일을 하기 위해 그 장소에 있다.

《상업성/무목적성》

가게 주변에서 유흥이나 산책, 레크리에이션, 아이쇼핑, 드라이브 등을 하고 특별한 목적을 갖지 않고 행동하고 있다.

《생활성/한정 목적성》

주간에 통행하는 사람 대부분이 주부이기 때문에 아침부터 밤까지 통행량의 변화가 보이지 않는다.

《관광성/준무목적성》

관광목적으로 유입된 사람들이 있다. 또는 관광 가이드북 등에 게재된 장소

가 다수 있다.

《그 외/혼합성》

학교 등이 많이 보이고 실제로 학생이나 입시학원생 등이 돌아다닌다.

지역에 오는 목적이 명확할수록 목적 이외의 소비 행동은 일어나기
어렵다. 예를 들어 사무실의 비율이 높은 지역의 사람은 일에 따라 시간
과 행동이 제한되다 보니 소비 행동도 크게 제약을 받는다. 주말이나 휴
일은 쉬기 때문에 여기에 가게를 내도 높은 매출은 기대할 수 없다. 평
일 낮에 아무리 시장 규모 및 포인트 규모가 있어도 실제로 가게를 내는
건 신중하게 검토해야 한다. 대학가도 조심해야 한다. 주말과 공휴일뿐
만 아니라 여름과 겨울에 긴 방학이 있어서 가게는 높은 매출을 기대할
수 없다. 제2장에서 다룬 대로다.

가게 앞을 지나는 사람과 자동차의 수 – 포인트 규모

상권보다 훨씬 좁은 범위에서 '가게 앞에 사람이 얼마나 지나다니는
가', '도로에 자동차가 얼마나 왕래하고 있는가'가 나타내는 지표가 포

인트 규모다.

사람의 수, 아니면 도시에서는 자전거나 오토바이도 포함하는 수치를 통행량이라고 하고 자동차의 수는 교통량이라고 불러서 구별한다. 도심의 가게라면 통행량이, 교외 간선도로변의 가게라면 교통량이 가게의 매출과 깊은 연관이 있다.

포인트 규모나 앞에서 말한 시장 규모(상권)는 통행량이나 교통량같이 사람의 수와 자동차의 수로 쉽게 측정할 수 있어서 누구라도 쉽게 이해할 수 있다. 그래서 신규 출점을 위한 조사에서는 자주 사용되어 '통행량×입점률×객단가×영업일 수=예상 매출'이라는 수식으로 매출을 예측하기도 한다. 하지만 이 두 가지 요소에만 의지하는 것은 금물이다.

우선 포인트 규모인 통행량과 교통량은 요일이나 시간대, 날씨 등에 따라서 크게 변한다. 현실적으로 365일 하루도 빠짐없이 24시간을 모두 조사하는 일은 불가능하다. 그래서 실제 조사에서는 평일과 휴일 중에서 이틀, 메인이 되는 날짜의 영업시간을 골라 그날 하루를 측정해보는 것이 좋다.

또 포인트 규모에도 상권의 질이 있다는 사실을 명심해야 한다. 걷고 있는 사람이 주된 고객인지, 아니면 자동차를 운전하는 사람이 가게의 고객인지 고민해봐야 한다. 단순히 수치만 측정하고 그 내용을 알지 못하면 가게의 매출을 예측하는 것은 어렵다.

정교하고 치밀한 데이터를 얻기 위해 연령대별, 직업별 통행량을 측정하는 케이스도 있지만, 지나가는 사람의 겉모습으로 연령대와 직업 등을 수치화하는 것에는 무리가 있다. 자료로 입수할 수 있는 데이터와 대조해가면서 실제로 가게를 방문하는 사람의 수를 예측하면 된다.

당사에서도 포인트 규모를 조사하긴 하지만 전부 정확하게 파악할 수는 없다는 사실을 전제로 한다. 수치에 대해서는 전체적인 스케일만 파악하고 복장이나 연령, 소지품, 보행 속도 등을 통해 통행자가 이 구역에 온 목적을 추측한다.

포인트 규모가 중요한 업종은 확실히 존재한다. 하지만 포인트 규모 이외의 매출요인이 매출에 크게 효과가 있는 경우도 많다. 포인트 규모는 어디까지나 수많은 매출요인 중의 하나로 봐야 한다.

가장 강력하지만 잊기 쉬운 자사 경쟁

상권 안에 비슷한 가게가 있으면 고객을 뺏겨 매출은 감소한다. 취급하는 상품이 같고 상품뿐만 아니라 가격이나 제공 방법도 비슷하다면 고객 유치 경쟁은 더 심해진다.

이를 막기 위해 우리 가게와 경쟁 가게가 어느 정도 닮았는지 크게는 상품, 가격, 제공 방법으로 나누어 분석해볼 필요가 있다. 같은 상품을 취급하고 있는가, 같은 가격대에서 제공하고 있는가, 그리고 같은 방법으로 판매하고 있는가. 이 부분들을 냉정하게 생각해봤을 때 가장 경계해야 할 경쟁 상대는 아무래도 같은 체인의 다른 매장이다.

타사 가게라면 취급 상품, 가격, 제공 방법이 완전히 같을 수는 없다. 그러나 자사의 동일 체인의 가게라면 취급 상품, 가격, 제공 방법 이 모든 것이 같다. 아무래도 고객의 입장에서는 구별이 어렵다. 경쟁은 가게의 매출에 큰 영향을 불러오는 요소로, 타사 경쟁을 의식하지 않는 기업은 없을 테지만, 자사의 다른 가게를 의식하는 기업은 의외로 적다. 등잔 밑이 어둡다는 말은 이럴 때 쓰는 것이다.

체인 기업에서는 종종 도미넌트 전략을 시행한다. 어느 일정 지역을 모조리 자사 체인으로 채워 다른 체인점이 들어설 여지를 주지 않고 지역을 한번에 독점하는 전략이다. 지역에 빈틈없이 출점했기 때문에 이 경우 반드시 상권 일부에서 자사 경쟁이 일어나게 된다. 어디까지나 체인 전체의 점유율을 높이는 것이 목적이지만, 각 매장의 매출이 떨어지는 경우가 생긴다. 각 매장이 직영점이라면 체인 전체의 매출이 올라가니 성공적이라고 평가할 수 있겠지만, 일일이 독립된 프랜차이즈 매장이라면 문제가 된다. 현실적으로 편의점은 더욱 그렇다. 체인점 수 확장에 돌입한 이상 자사 경쟁은 피할 수 없는 문제라 항상 의식해야만 한다.

의외의 타사 경쟁을 조심해야

타사 경쟁은 매출과 직결되어 기업 대부분이 강하게 의식하고 있는 요소다. 하지만 현실적으로 같은 가게에서 같은 상품을 똑같이 취급하는 자사 경쟁과는 달리 체인마다 차이가 존재하게 마련이다. 이 차이에 따라 경쟁의 정도, 즉 강약이 생긴다.

자사 경쟁에서도 다루었지만 어느 정도의 경쟁인지 크게는 상품, 가격, 제공 방법의 세 가지로 경쟁의 강약을 평가하고 판단한다. 그리고 이 상품, 가격, 제공 방법의 세 가지 측면으로 나누어 주변을 관찰해보면 경쟁하는 줄 몰랐던 가게가 실제로 경쟁 상대인 경우도 있다. 최근에는 업종과 업태의 장벽이 낮아져서 경계가 애매해지고 있기 때문이다.

가령 예전에는 햄버거 체인은 햄버거 체인(또는 비슷한 음식점), 드럭스토어는 드럭스토어(또는 비슷한 소매점)와 같이 동종 업계가 경쟁하는 환경이었다. 하지만 최근에는 도넛 가게와 편의점이, 카페와 햄버거 체인이 경쟁하는 식으로 범위가 넓어지고 있다.

슈퍼마켓의 입장에서는 드럭스토어가 가공식품이나 과자류를 취급하고 있어서 이쪽에 고객을 뺏겼다고 토로하는 경우가 많다. 경쟁이라고 하면 동종업자의 가게만 신경 쓰지만, 현재는 업계의 장벽을 쉽게 뛰어넘어 앞길을 가로막는 예가 많다. 카페라는 이름을 달고 있지만 요리 메뉴가 풍부한 어느 체인의 경쟁 상대는 패밀리 레스토랑이라고들 한다. 실제로, 카페라고 하면서 휴일에는 가족을 데리고 온 사람들로 북적이고 평일에는 주부가 모임을 열기도 한다.

마찬가지로 비슷한 체인으로 보이지만 현실적으로는 경쟁이 되지 않는 예도 있다. 같은 카페라 하더라도 커피를 컵에 담아갈 수 있는 테이크아웃이 주가 되는가, 가게 안에서 마시는 매장 중심형 타입이 주가 되는가에 따라서 전혀 다른 업종이라고 말해도 좋을 것이다.

테이크아웃이 중심이 되는 카페 체인에 있어 최대의 경쟁 상대는 편의점이다. 편의점에서는 1,000원 정도의 저렴한 가격으로 마실 수 있는 커피를 제공하고 있어 테이크아웃 커피에 한해서는 카페와 완전히 경쟁한다고 볼 수 있다. 편의점에서는 치킨이나 도넛 등도 취급하고 있어서 다른 업종에서도 편의점에 고객을 뺏기는 가게가 많다.

지금의 편의점은 다양한 전문점에서 잘 나가는 상품을 취급하여 자사 체인 자체의 시스템으로 개발해나가고 있다. 각 편의점 체인은 패스트푸드, 커피, 도넛 등 새로운 도전을 빠르게 전개하는 기동력이 있어서 소매업계뿐만 아니라 음식업계도 위협하고 있다. 어느 업계에서나 편의점은 잠재적인 경쟁자로서 주의할 필요가 있을 것이다.

게다가 현재는 인터넷 판매의 약진도 두드러진다. 오프라인 매장과 같은 상품을 취급해도 제공 방법이 달라 분야를 서로 나누는 것도 가능해졌다. 그러나 인터넷에서 취급하는 상품의 폭이 늘어나고 파격적으로 저렴한 가격에 제공하고 있어 가게에서 사던 사람이 간단하게 옮겨버리는 일도 항상 염두에 두어야 한다. 인터넷 판매도 강력한 잠재적 타사 경쟁이라고 말할 수 있다. 기존 업종에 빼앗기지 않기 위해서는 타사 경쟁을 생각하지 않으면 안 되는 시대가 되었다.

Location 📍 감으로 찍지 말고
과학으로 따져봐라

체인에 따라 독자적인 계산식을 만들자

매출을 y로 하고 매출요인분석과 시장 규모 등의 입지의 각 요소 하나하나를 x_1, x_2, x_3 으로 하면, 매출 y는 아래와 같이 나타낼 수 있다.

$$y = a_1 \times x_1 + a_2 \times x_2 + a_3 \times x_3 \cdots\cdots + b$$

이에 제1장에서 짧게 얘기했던 내용이다. 여기서 매출은 입지 각 요소의 함수가 된다. 각 요소에 따라서 매출을 나타낼 수 있다. 하지만 어느 체인에는 상권의 인구, 즉 시장 규모가 매출에 크게 영향을 준다. 또 다른 체인은 가게의 출입구나 주차장과 같은 건물 구조나 접근성이 매출을 크게 좌우한다. 가게나 체인에 따라서 각 매출요인의 가중치인 a_1,

a_2, a_3는 변하는 것이다.

또 각 요소 안의 무엇이 어느 정도로 매출에 효과적인지는 업종에 따라서 달라진다. 같은 체인의 가게라도 가게가 역 앞의 빌딩에 들어가 있는지, 교외의 간선도로변 노면에 있는지에 따라서도 다르다. 또 테이크아웃 전용인지, 매장 중심 가게인지, 아니면 배달 중심 가게인지 그 형태에 따라서도 다르다. 따라서 새롭게 내는 가게의 매출을 예측하려면 해당 체인이 구체적으로 어디에 입점할 예정이고 제공 방식은 어떻게 되는지 미리 분류하여 계산식을 구해야 한다. 적확하게 분류한 다음에 구한 계산식에 계측한 각 요소 x_1, x_2, x_3를 입력하면 매출 y의 정밀도가 높아진다.

분류 방법은 기업마다 독자적이다. 실제로 가게가 돈을 벌어들이기 시작해서 매출이 나오면 이것을 예측과 대조하여 오차를 알아내야 한다. 오차가 크다면 분석 과정을 거슬러 올라가 이유를 찾고 계산식을 수정한다. 이것을 반복함으로써 예측은 더욱 정확해진다.

데이터가 모이면 모일수록 정확해지는 매출요인분석

현실에서 어떻게 매출요인을 가지고 매출을 예측할 수 있을까? 매출요인분석의 구체적인 예를 보도록 하자.

그림 ㉘ 매출요인분석 평가 샘플

평가항목	A점	B점	C점
좌석 수	100	50	50
주차장 주차 대수	50	25	25
인구(인)	15,000	10,000	5,000
교통량(대수)	15,000	10,000	5,000

실제 계산에서는 처음에 수백 개의 매출요인을 가설로 세우고 이를 최소 단위까지 범위를 좁혀서 계측하는 것이 일반적이다. 적확한 요소를 골라 하나하나의 가중치를 정확하게 내는 것이 매출요인분석을 하는 체인의 독자적인 노하우가 된다.

복잡한 통계 계산은 보통 컴퓨터가 한다. 기계가 알아서 답만 내주길 기다려도 되지만, 여기에서는 그 원리를 아주 간단하게 다루어보고자 한다. 상황을 단순화해서 살펴보기 위해 요소는 가게의 좌석 수, 주차장 주차 대수, 가게 주위에 거주하는 인구, 그리고 가게 앞을 지나다니는 교통량까지 네 가지로 줄였다(그림 ㉘).

우선 처음에 네 개의 요소에 대해 기존 매장 3곳에서 정보를 수집한다. 가게의 좌석 수와 주차장의 주차 대수는 현지에서 조사해서 확인하면 된다. 건물의 도면으로도 알 수 있다. 가게 주위에 살고 있는 인구는 지역의 자치단체가 가지고 있는 자료를 얻어서 가공할 수 있다. 가게 앞의 교통량은 실제로 측정하면 된다. A점, B점, C점 각각의 가게에서 이

네 가지 요소의 수치를 얻은 후 이들의 매출을 서로 대조해볼 수 있다.

A점: 매출 8,000만 원

B점: 매출 5,000만 원

C점: 매출 3,000만 원

매출을 y, 좌석 수, 주차장 주차 대수, 인구, 교통량의 각 항목을 x_1, x_2, x_3, x_4라고 하면

$$y = a_1 \times x_1 + a_2 \times x_2 + a_3 \times x_3 + a_4 \times x_4 + b$$

가 된다. 이 네 가지의 요인을 포함한 계산식을 통해 매출을 구할 수 있다. 네 가지 요소에 따라 매출은 달라진다.

각 가게의 계산식에서 매출을 좌변에, 네 가지 요소를 우변에 넣어서 식을 만든다. 각 가게의 매출 8,000만 원, 5,000만 원, 3,000만 원은 80, 50, 30이라고 점수화하면 다음 식이 성립된다.

A점: $80 = a_1 \times 100 + a_2 \times 50 + a_3 \times 15{,}000 + a_4 \times 15{,}000 + b$

B점: $50 = a_1 \times 50 + a_2 \times 25 + a_3 \times 10{,}000 + a_4 \times 10{,}000 + b$

C점: $30 = a_1 \times 50 + a_2 \times 25 + a_3 \times 5{,}000 + a_4 \times 5{,}000 + b$

수식이 세 개이므로 미지수가 세 개라면 연립방정식이 된다. 계수는 a_1부터 a_4까지 있어서 b도 포함하면 미지수는 다섯 개가 되어 답이 한 세트로 정해지지 않는다. 또 현실적으로 보면 매출은 매장 수만큼 존재하고 그 수는 수십 개에서 수백 개, 때로는 수천 개도 넘는다. 한편 계수인 a_1, a_2도 앞에서 말한 대로 보통 60~70가지가 사용된다. 이렇게 되면 손으로 직접 계산하는 것은 불가능해서 컴퓨터에 의존할 수밖에 없다. 기계가 알아서 계산 과정을 거쳐 위에 적은 결과를 손쉽게 활용하면 되는 것이다.

a_1은 0.1, a_2는 0.2, a_3은 0.002, a_4은 0.002, b는 0으로 하면 세 개의 식은 성립된다.

A점: $80 = 0.1 \times 100 + 0.2 \times 50 + 0.002 \times 15{,}000 + 0.002 \times 15{,}000$

B점: $50 = 0.1 \times 50 + 0.2 \times 25 + 0.002 \times 10{,}000 + 0.002 \times 10{,}000$

C점: $30 = 0.1 \times 50 + 0.2 \times 25 + 0.002 \times 5{,}000 + 0.002 \times 5{,}000$

적용해보면 확실히 계산이 성립된 것을 알 수 있다.

평가항목	계수	A점	B점	C점
좌석 수	0.1	10	5	5
주차장 주차 대수	0.2	10	5	5
인구(인)	0.002	30	20	10
교통량(대수)	0.002	30	20	10
매출(점수)		80	50	30

그림 ㉙ 매출요인분석 평가 샘플(점수화)

위의 표는 현실적으로 수치를 점수화한 것이다(그림 ㉙). 이렇게 해서 x_1~x_4까지의 계수(가중치) a_1~a_4를 알 수 있다. 계산식에 다시 대입해보면 아래와 같다.

$$y = 0.1 \times x_1 + 0.2 \times x_2 + 0.002 \times x_3 + 0.002 \times x_4$$

x_1~x_4를 알 수 있으면 아직 존재하지 않는 신규 매장의 매출 y를 예측할 수 있게 된다. 예를 들어 신규 매장 D의 좌석 수는 70, 주차 대수는 70, 가게 주위에 사는 인구는 2만 명, 가게 앞을 지나가는 교통량을 2만 대라고 하면

$$D점: 101 = 0.1 \times 70 + 0.2 \times 70 + 0.002 \times 20{,}000 + 0.002 \times 20{,}000$$

이 되어 매출은 1억 100만 원이라고 예측할 수 있다.

실제 계산에서는 매장 수의 요소(계수)도 차원이 다른 수준으로 복잡해지지만 원리는 같다. 그리고 데이터가 많으면 많아질수록 매출과 요소의 데이터를 얻을 수 있는 기존 매장의 수가 많아져 새 매장 매출 예측의 정밀도는 증가한다.

현실적으로 체인의 모든 매장 매출을 단 하나의 계산식으로 표현하는 것은 어렵다. 같은 체인이라도 제품 제공 방식과 위치에 따라 계수의 a_1, a_2, a_3는 달라진다. 각각의 분류에 맞는 데이터를 수집해 수식을 확립해야 한다. 이때 분류를 적절하게 할 수 있으면 매출 예측은 더욱 정확해진다.

우리 회사에서는 이 방법에 따라 매출요인분석을 해왔다. 예측에서 오차를 줄여 신규 출점 시 매출이 부진한 점포나 예산 미달 점포를 '제로'로 만드는 것을 목표로 하고 있다. 어느 업종의 체인이라도 대단히 유효한 방법이 될 것이다.

다년간의 노하우가 반영된 매출요인분석

매출요인을 조사하여 수치화하는 것으로 매출을 예측할 수 있다. 실제로 처음에 수백 가지의 매출요인을 내고 그것을 60~70개 정도로 압축한다. 적확한 매출요인을 골라 목적에 맞게 압축하는 것이 하나의 노하우라고 할 수 있다. 되풀이하지만 매출에 효과적인 요소는 업종과 체인에 따라 독자성을 가지기 때문에 자사에서 '독자적인 요소'를 발견하면 매출 예측의 정밀도를 높일 수 있다.

제2장에서는 2개의 패스트푸드 체인의 사례를 들었다. 둘 다 진출하고자 하는 지역의 슈퍼마켓의 존재 여부가 매출에 크게 영향을 미쳤다. 한쪽은 지역에 마트가 있는 것이 불리하게 작용했다. 집에서 요리를 하는 것이 일반화된 지역이어서 패스트푸드의 주문은 적었기 때문이다. 다른 한쪽의 패스트푸드 체인은 옆에 마트가 있으면 매출이 올라갔다. 아이들의 간식이나 식사 시 반찬으로 그 패스트푸드를 이용했기 때문이다.

전자의 패스트푸드점은 계산식에서 고객 유도 시설의 요소 중 하나였던 슈퍼마켓의 계수(가중치)는 마이너스가 된다. 슈퍼마켓의 존재가 매출에 손해를 끼친다. 하지만 후자에서는 플러스가 된다. 같은 패스트푸드점이라도 어느 요소가 어떻게 효과적인지는 전혀 다르다. 예를 들어 구역 내에 미군 기지가 있는 패스트푸드 체인점은 주변에 요리를 하는 가정이 많았지만, 어느 정도 매출이 보장되었다. 그 패스트푸드가 미국에서 일반적인 브랜드여서 미군으로 주재하고 있는 미국인이나 그 가족이 즐겨 주문했기 때문이다.

어느 라면 체인에서는 경마장과 장외 마권 발매장이 지역에 있으면 가게의 매출이 올라갔다. 경마를 하는 고객층과 라면을 먹는 고객층이 겹쳤기 때문이다. 미군 기지와 경마장, 장외 마권 발매장의 존재는 앞에서 말한 패스트푸드점이나 라면 체인에서 빼놓을 수 없는 고객 유도 시설의 요소 중 하나다. 이를 발견할 수 있느냐 없느냐에 따라 따라 매출 예측의 정밀도는 크게 좌우된다.

우리 회사에서는 자사 직원에게만 현지 조사를 맡기고 있다. 과거의 비슷한 업종의 사례를 참고하여 가설을 세워야 하기 때문이다. 또 기존 매장이 있는 현지에 가서 가게를 이용하는 사람은 물론 이용하지 않더라도 길을 지나다니는 사람을 수없이 관찰하고 숨겨진 요소를 발견하기 위해서다. 클라이언트 체인에 대한 매출 향상의 불가결한 요소를 찾아내는 것은 당사의 노하우다. 이를 통해 오차가 적은 계산식을 얻으면 이는 곧 체인의 재산이 된다.

매출요인분석의 원리만 보면 무미건조한 계산식 같지만 그것을 만들어내기 위한 요소 하나하나를 발견하는 것은 대단히 인간미 넘치는 작업이다.

Location 📍 **프랜차이즈 기업일수록
입지 판단은 필수조건이다**

입지 전략을 세울 때 진가를 발휘하는 매출요인분석

매출요인분석을 주로 세 개의 분야에서 응용할 수 있다는 사실은 제1장에서 다루었다. 새로운 매장의 매출 예측, 입지 전략 수립, 기존 매장의 활성화에 사용된다고 하였다.

첫 번째 매출 예측은 어느 한 매장만을 주목한다. 또, 세 번째 기존 매장 활성화는 어느 특정한 매장을 선택해 각 입지요인이 향상시킬 수 있는 매출을 예측한다. 그것으로 충족되지 않는 경우 어디에 약점이 있는지를 조사해 극복한다.

매출요인을 조사하면 특정 매장이 놓여 있는 상황을 객관적으로 이해할 수 있다. 어느 입지요소가 어느 정도로 매출에 효과가 있는지를 파악할 수 있다. 대책을 찾아낼 때도 우선순위를 세울 수 있어서 효율적이다. 이처럼 어느 특정 매장을 정해서 그 매장의 개선책을 구할 때도 효과적이지만, 매출요인은 입지 전략을 세울 때 그 진가를 발휘할 수 있다. 특정 매장에 주목하는 것이 아니라 수백 개에서 수천 개에 이르는 매장을 조사하고 어디에 가게를 내야 하는지 구체적인 부지를 찾아낼 때 상당히 유효하다.

신규 매장 출점은 프랜차이즈 기업이 성장하는 데 반드시 필요한 동력이다. 특히 도미넌트 전략에 따라 완전히 새로운 지역에 집중적으로 매장을 진출하려고 할 때 매출요인분석은 큰 도움이 된다.

우선 전국에서 장사가 잘될 가능성이 높은 구역을 찾아내기 위해서는 매출을 올리기에 충분한 인구가 있는지(시장 규모), 인구 중에서도 실제로 가게를 이용하는 사람이 있는지(상권의 질)를 조사할 필요가 있다. 경쟁 상황 조사도 빼놓을 수 없다. 같은 상품을 파는 가게가 이미 있는지 여부(타사 경쟁), 목표로 하는 지역에서의 경쟁점의 진출 상황을 조사한다.

그러고 나서 진출할 수 있는 지방을 좁혀나간다. 지역이 정해지면 구체적인 출점 지점을 찾아낸다. 역과 상업 시설 등 사람이 모이는 시설(고객 유도 시설)에 가까운 위치, 사람 통행과 자동차 왕래(포인트 규모)가 잦은 위치, 사람이 드나들기 쉬운 환경(건물 구조), 자동차로 쉽게 출입할 수 있는 공간(접근성), 그리고 누구라도 바로 발견할 수 있는 위치(인지성) 등을 검토하여 매출 예측이 서는 지점을 찾아낸다.

여기까지 가능해지면 가능성이 있는 부지에 신규 매장을 낼 때, 각 매장의 매출 예측을 세울 수 있다. 일정한 액수 이상의 매출을 올릴 수 있는 매장을 골라내면 출점이 가능한 구체적인 위치를 뽑을 수 있다. 처음에 전국 지도를 펼쳐서 가능성이 있는 지방을 찾고 다음에는 그 지방을 확대한 지도를 펼쳐 구체적인 출점 장소를 찾는 식이다.

유력한 지방 몇 군데를 이렇게 작업해서 체인점을 낼 수 있는 여지가 많은 곳부터 우선적으로 진출하면 확실하다고 말할 수 있다. 수백, 수천 개 매장의 출점 전략을 세울 때 출점 가능한 곳의 수나 매출 예측이라고 하는 객관적인 수치를 뒷받침할 수 있다는 것이 매출요인분석의 최대 이점이다.

매장의 개발과 운영도 객관적인 수치를 근거로 한다

매출요인분석에 따라 수치를 근거로 입지 전략을 세울 수 있다면 체인 전체를 위한 성장 전략도 짤 수 있다. 하지만 현실적으로 여기까지 할 수 있는 기업은 아직 극히 일부에 불과하다. 많은 기업에서는 지금도 출점할 때 어떤 입지를 고를지 베테랑의 경험과 감에 의존하는 것이 현실이다. 어느 정도의 감을 지닌 경험자라도 판단할 수 있는 매장의 수는 한정되어 있다. 어떤 지역에 일제히 진출하려고 할 때 베테랑 몇 명을 투입하여 단기간에 수백 개의 가게의 출점 여부를 판단하는 것은 어렵다.

그러나 매출요인분석을 통해 체인의 독자적인 계산식을 구하면 누가 하더라도 같은 결과를 얻을 수 있다. 사내에서 통일된 기준을 정하고 거기에 충족하는 매출을 올릴 수 있는 가게만을 후보지로 남겨놓으면 된다. 누구라도 객관적으로 출점을 판단할 수 있어 출점 속도는 올라갈 것이다.

인재육성도 가능하다. 감과 경험을 가진 베테랑으로부터 노하우를 훔칠 수는 없지만 매출요인분석의 원리를 배워 그 체인에서 매출에 직결되는 요소의 계통을 배울 수 있다.

매출요인분석을 사내에 도입하는 것은 회사 전체의 의지로 판단해야 한다. 일부 부서가 이 효과를 실감했다 하더라도 다른 부서의 반대에 부딪힐지도 모른다. 일반적으로 개발 부서와 매장 운영 부서가 자주 대립한다.

개발 부서에서는 하나라도 많은 매장을 늘리는 것이 목표다. 비어 있는 부지가 있으면 바로 확보해서 출점하고자 한다. 그 근거로는 예전에 그 장소에 있었던 가게에서 어느 정도의 매출이 있었다든지 다른 점포에서는 이만큼의 매출을 올렸다는 데이터를 내밀 것이다.

"아니요. 그 입지에서는 힘듭니다"라고 매장 운영 부서에서 지적한다고 해도 근거가 없으니 애매한 논의를 이어갈 수밖에 없다. 결국 베테랑의 한마디로 계속 진행하라는 사인이 난다. 이런 과정을 거쳐 신규 출점을 하게 되었을 때 기대한 만큼 매출이 올라가지 않으면 서로 책임 떠넘기게 된다. 개발 부서는 매장 운영이 나빠서라고 말하고 매장 운영 부서는 개발 부문의 매출 예측이 너무 낙관적이었던 것이 원인이라고 지적한다.

   매출요인분석에 근거하면 정밀도 높은 매출 예측이 가능해진다. 신규 출점을 객관적으로 판단할 수 있다는 것이 가장 큰 장점이다. 만약 예측대로 매출이 오르지 않는 경우에도 그 이유를 거슬러 올라가 찾는 것이 가능하다. 계산식의 각 요소의 가중치를 곱하는 방법이 잘못됐을 수 있거나 각 요소의 선택이 잘못되었을 수 있다. 원인을 확실하게 알 수 있어서 다음부터는 더 정확한 매출 예측이 가능해진다.

   이미 업계의 톱을 차지하고 있는 체인들은 시작하고 있다. 지금이라도 매출요인분석을 개시해서 기존 매장의 데이터를 유용하게 활용해야 한다. 신규 출점을 할 때도 데이터를 계속 축적하는 과정을 통해 예측 계산식이 다듬어진다. 앞으로 이런 과정은 살아남는 가게의 필수조건이 될 것이다.

해외 점포 운영은
경험보다 수치를 믿어라

　처음으로 해외에 출점한 기업은 근거로 삼을 만한 자신만의 데이터가 없다. 사용할 수 있는 정보도 지극히 한정되어 있어서 가게 후보지 앞의 통행량 조사에 의존하게 된다.

　그러나 이것만으로 충분하지 않다는 사실은 지금까지 무수히 강조해 왔다. 해외에서도 매출요인을 축으로 현지 고객의 구매 행동을 정확하게 수치화해야 한다. 출점한 후에는 수치를 기준으로 검증하고 다음 출점으로 연결하는 사이클을 구축해야 한다. 그리고 이런 일련의 과정들을 누가 하더라도 객관적인 시점으로 판단할 수 있도록 수치화하는 것이 중요하다.

　개인이나 담당자의 감과 국내의 경험에 좌우되지 말고 올바른 수치를 기준으로 사내에서 입지에 대한 적절한 결단을 내리는 것이 이익을

내는 매장을 출점할 수 있는 비결이다. 편의점이나 대기업의 음식 관련
업, 소매 체인 등은 이미 해외 출점을 시작하고 있다. 국내 인구 감소라
는 절대적인 잠재성이 계속 줄어드는 현상을 생각하면 이 흐름은 꾸준
히 가속화될 것이다. 특히 미래에 크게 성장하기를 바라는 기업이라면
국내의 잠재력(인구수, 구매량)으로는 만족할 수 없는 상황이 될 것이다.

나라마다 다른 고객의 수요를 정확하게 파악하고 그 수요에 맞는 상
품·서비스를 제공하면서 적절한 입지에 계속 출점한다면 '예산 도달
매장 100% 달성'이라는 꿈을 실현할 수 있을 것이다.

한식 프랜차이즈 성공 신화의 중심, 본아이에프의 입지 전략을 말하다

Q1. 본아이에프에 대해 간단히 소개하자면?

본아이에프는 '죽'이라는 신선한 아이템으로 7년 만에 전국 1,000호점을 돌파한 본죽을 필두로 본도시락, 본설 등의 브랜드를 보유한 대한민국 대표 한식 프랜차이즈 기업이다. 최근 본죽은 죽이라는 치유식에 일상식인 비빔밥을 더해 프리미엄 레스토랑 형태의 본죽&비빔밥Café로 변화하고 있으며, 두 번째 브랜드인 본도시락은 간편식의 도시락에 프리미엄 한식과 배달서비스를 더하여 프리미엄 한식 도시락이라는 새로운 영역에 도전하여 현재 꾸준히 성장하는 안정적인 창업 모델로 자리 잡고 있다. 세 번째 브랜드인 본설은 전통적인 설렁탕을 현대적인 감각으로 재해석한 창업 모델로서 남녀노소 즐길 수 있는 캐쥬얼하고 트렌디한 브랜드로 성장하는 중이다.

Q2. 각 브랜드의 입지 선정에는 어떤 차이가 있나?

외식업의 특성상 입지 선정이 갖는 중요성은 매우 크다. 먼저 본죽은 건강 · 치유와 같은 기능적 이미지가 강하다 보니 전통적으로 병원이 위치한 상권의 매출이 높은 편이다. 대형 병원의 침대 수나 내과, 치과 등의 위치를 고려하여 입지를 선정하고 있다.

본도시락은 상대적으로 오피스 중심 상권에서 매출이 높다. 야근, 모임, 행사가 많은 오피스 단지의 특성상 단체주문이 매출에서 높은 비중을 차지한다. 최근에는 HMR(Home Meal Replacement, 가정간편식)의 발달로 주택가의 배달 비중도 꾸준히 증가하고 있다.

마지막으로 본설은 기존의 설렁탕 전문점과 달리 맛과 인테리어에서 현대화를 추구하며 복합 상권, 1인 오피스텔을 중심으로 입지를 선정한다.

Q3. 입지 분석 시 중요하게 판단하는 기준이 무엇인가?

본죽과 본설은 내점 중심의 매장이라는 특성상 고객의 동선을 고려하여 중심도로변, 지하철 출입구 인근, 아파트 단지 및 주택가를 중심으로 입지를 정하고 있다. 경우에 따라서는 2층에도 입점이 가능하다. 반면에 본도시락은 배달 중심으로 운영되다 보니 상대적으로 입지 조건이 까다롭지 않은 것이 장점이다. 대신 점포력[4]이 매우 중요한 선정 기준 가운데 하나이며, 오토바이 또는 차량으로 배달하기 때문에 주정차가 편리하고 차량 동선이 좋아야 한다.

Q4. 자영업자분들이 입지를 고를 때 흔히 저지르는 실수가 있다면 무엇일까?

● ●
4 '효율적인 임대료', '배달에 적합한 동선' 등 매장이 가진 독자적인 입지 특성

일반 자영업자들은 단순히 눈에 보이는 통행량만 보고 입지를 정하는 경우가 많다. 그러나 아무리 유동 인구가 많아도 그들은 가게를 그대로 지나칠 수 있다. 이처럼 상권의 유동객에 집중하는 경향이 많은데 흐르는 상권인지 또는 아이템에 적절한 상권인지 등의 구분이 필요하고 상권과 입지 그리고 점포의 상관관계를 명확히 파악해야 한다. 책에서 다룬 것 같이 단순 통행량을 넘어 '상권의 질'을 평가해야 하며, 또한 상권의 질은 아이템과 부합되어야 한다.

　　자영업을 처음 시작하시는 사장님들의 자본금 규모를 보면 약 1억 원 정도를 가지고 계신 분들이 가장 많다. 사실상 자본금 1억 원은 매장 중심의 가게를 운영하기엔 어려운 금액이다. 그런데 대부분은 자본금에 상관없이 역세권에 위치한 내점형 브랜드를 운영하길 원한다. 또 인건비 비중이 높은 배달 사업을 시작하면서 임대료가 비싼 1급 입지를 고수하거나, 배달용 오토바이 정차가 불가능한 곳에 개점을 하는 경우도 있다. 점포 개발의 핵심은 '아이템과 입지의 연결성'이라는 걸 명심해야 한다.

Q5. 본아이에프의 성공적인 입지 사례가 있다면 소개해 달라

본도시락 확장 초기에 매장의 전면을 넓히고 도로변에 입점하여 가시성을 높이자는 의견이 있었다. 그러나 도시락이라는 아이템의 특성상 홀 중심의 내점형 매출보다 배달 중심의 온라인과 유선상의 매출이 높을 거라 판단했다. 군이 임대료가 비싼 1급 입지에 매장을 오픈 할 이유가 없었던 것이다. 결국 임대료는 낮지만 상대적으로 점포력이 좋은 곳에 입점하여 손익을 개선하고 매출을 증대시킬 수 있었다.

Q6. 과거의 입지 전략과 현재의 입지 전략이 차이가 있다면 무엇일까?

과거에는 상권이 가장 중요했다면 현재는 앞서 말한 입지, 더 나아가 점포력이 매우 중요한 시대다. 각종 매체의 활성화와 모바일 기능의 강화로 핵심 소비층이 변화하면서 중요상권의 의미가 많이 퇴색했다.

변화의 원인은 세 가지로 들 수 있다.

첫째, 근무시간 축소와 여가시간의 증대다. 여가 시간이 늘면서 오피스 거리 음식점의 평일 저녁·주말 매출이 하락했고, 이는 새로운 외식산업의 모델을 탄생시키는 주요 원인이 되었다.

둘째, 1인 가구의 확대다. 테이크아웃, 배달 수요의 증대와 HMR이 발달하면서 소량의 질 좋은 음식과 물건을 찾는 소비층이 늘었다.

셋째, SNS의 활성화다. 소셜미디어를 활발하게 사용하는 20~30대 여성이 소비계층의 핵심으로 떠오르면서 서울 명동, 신촌, 종로, 강남역, 부산 서면, 남포동 같은 전통적인 대형 상권의 영향력이 약해지고 연희동, 연남동, 서울대 샤로수길, 송파 송리단길 등 트렌디한 거리와 소형화된 개인 식당을 중심으로 상권이 확장되고 있다. 특히 인스타그램과 유튜브는 상권 변화를 이끄는 핵심적인 역할을 담당하고 있다.

Q7. 앞으로 눈여겨봐야 할 떠오르는 상권이 있다면 어디일까?

앞서 말한 대로 서울대 샤로수길, 송리단길 등이 지금 떠오르는 상권이라고 볼 수 있지만, 아무래도 빨리 떠오른 상권은 오래 유지되지 못하는 경향이 있다. 그러므로 교통, 주거 형태 등 장기적인 관점을 가지고 미래 상권을 파악하는 게 중요하다.

우리의 경우 특수상권과 더불어 외식업을 주도하는 20대의 영향력이 지배적인 곳을 유심히 지켜보고 있다. 또한 1인 가구가 밀집한 지역에도 관심이 많다. 이런 곳의 배달 및 테이크아웃 아이템들은 수익이 안정적으로 보장되기 때문이다. 대신 주변에 대형 상권이 형성되어 있지 않아야 한다. 개인 자영업자의 입장에서는 이미 형성된 중형 상권 중에서 임대료가 낮은 입지를 찾는 것이 주된 과제라고 볼 수 있다.

김찬석 ㈜본아이에프 행복창업연구소 소장

2014년 본도시락 점포개발 팀장, 2017년 본설 본부장을 역임하였다. 상권분석 및 점포개발 프로세스, 창업마케팅, 프랜차이즈 오픈프로세스 관리, 특수 상권 개발 등을 담당하고 있다.

2019년 4월말 기준 본죽 1,149개, 본죽&비빔밥Café 312개, 본도시락 330개, 본설 22개 매장 외에 비빔밥 매장 2개를 운영 중이며, 본브랜드 1,815개 매장을 통해 전국 어디서든 고객을 만날 준비를 하고 있다.

"매출요인을 분석하고 데이터를 수치화하는
작업은 더 나은 매출을 올리기 위한 선택이 아니라
살아남기 위한 필수조건이다."

"location! location! location!"

라면 체인은 어디에서 성공할 수 있는가

출점 시뮬레이션

실제 라면 체인점
입지 정하기

매출요인분석이 곧 입지 전략이 된다

매출요인분석을 응용할 수 있는 분야는 세 가지가 있다고 언급하였다. 하나가 새로운 매장의 매출 예측, 두 번째는 입지 전략, 그리고 세 번째가 기존 매장의 활성화다. 그중에서도 두 번째 입지 전략의 수립은 프랜차이즈 기업에서 유용하게 사용할 수 있다.

아직 출점하지 않은 구역에 새로운 가게를 낸다. 어떤 지역에 내야 할까? 거기에는 몇 개의 매장을 낼 가능성이 있는 것일까? 그리고 전부 합산한 매출은 얼마가 될까? 매출요인분석에 따라서 예상할 수 있으면 가능성이 있는 구역을 좁혀나갈 수 있다. 그 구체적인 진행 방법을 가상의 체인점의 사례로 살펴보려고 한다.

'안코쿠사카도'는 도카이 지방을 기반으로 60개의 매장을 집중적으

- 업태 전제 조건의 정리

출점 구역 구성 상황		
지바	사이타마	가나가와
오사카	효고	나라
미에		기후
아이치		

점포 타입 구성 상황
쇼핑센터 출점
도로변 출점

최근 출점 구역

주요 구역

- 점포는 주로 아이치, 기후, 미에가 있는 도카이 구역을 중심으로 출점했다.
- 오사카 · 간토에서 출점이 일부 진행되고 있다.
- 도로변과 쇼핑센터에 출점했는데 주가 되는 것은 도로변

【이하의 조건은 전국적으로 정리된 전제】
- 사람의 문제 (점장이나 아르바이트) • 물류 • 출점 물건의 유무 • 출점 자금

로 오픈한 라면 체인이다. 출점은 도카이 지방이 대부분을 점하고 있지만 오사카 시내에 2곳, 그 외의 5개 지역에도 가게를 내서 괜찮은 매출을 올리고 있다(출점 전략 시뮬레이션 1).

도쿄를 중심으로 한 간토 지방권에서는 지명도는 아직 낮지만 도카이 지방에서의 여세를 몰아 성공적으로 출점하려고 한다. 반드시 성공하려면 어떻게 하면 좋을까? 매출요인분석에 따라 일정한 정도 이상의 매출이 있는 구역을 골라내고 거기에 출점하면 착실하게 매출을 올리는 가게를 만들 수 있다.

간토와 간사이에 모두 출점하면 매출을 올릴 수 있겠지만 역시 출점한다면 도쿄가 있는 간토 지역권이 유리해 보인다. 다행히 도카이 지방

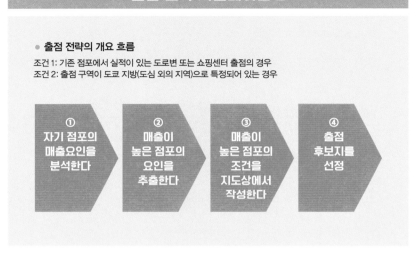

출점 전략 시뮬레이션 2

● 출점 전략의 개요 흐름

조건 1: 기존 점포에서 실적이 있는 도로변 또는 쇼핑센터 출점의 경우
조건 2: 출점 구역이 도쿄 지방(도심 외의 지역)으로 특정되어 있는 경우

① 자기 점포의 매출요인을 분석한다
② 매출이 높은 점포의 요인을 추출한다
③ 매출이 높은 점포의 조건을 지도상에서 작성한다
④ 출점 후보지를 선정

에서 성공한 덕분에 출점을 위한 자금은 넉넉하게 확보했고, 꾸준한 교육을 통해 점장 후보자 등 인재도 준비했다.

물류도 이미 거래 중인 업자를 통해 주문하면 문제없이 수급할 수 있다. 맛과 품질은 도카이 지방에서 했던 것과 동일하게 하면 간토권에서의 체인 확장이 가능하다. 문제는 입지다. 간토의 어느 구역을 공략해 입지할 것인가?

성공적인 매장의 입지요인을 적극 활용한다

순서는 다음과 같다(출점 전략 시뮬레이션 2).

① 우선 자사 기존 매장의 매출요인을 분석한다. 매출을 올리고 있는 매장은 도로변에 있는가, 쇼핑센터 안에 있는가.

② 그중에서 매출이 높은 매장을 골라 무엇이 매출에 효과적이었는가 그 요인을 찾아낸다.

③ 매출과 관련성이 높은 '매출요인'을 알아내면 그 조건을 충족하는 대지를 간토 지역권 내에서 찾아낸다.

④ 조건을 충족하는 구역을 지도상에 그리고 그 범위 내에서 출점할 곳을 좁혀나간다.

모든 수단을 동원해 효과적인 매출요인을 찾는다

매출요인의 기본적인 항목은 제1장과 제7장에서 다룬 10개의 요인이 된다. 애초에 지역에 충분한 인구가 있는가? 경쟁점은 없는가? 지방자치단체의 통계 자료를 수집하거나 경쟁점이라고 생각되는 가게의 정보를 모아 지도상에 표시한다. 하지만 업계나 체인만의 독자적인 요인도 반드시 있으므로 그것을 발견할 수 있는지 없는지에 따라 분석의 정

각종 데이터에 따른 가설을 세움	인터뷰 운영진 관계 각 부서 점포 스태프	매출분석 시계열 분석 시간대별 · 일별 분석	통계분석 인구량 · 통계량 상권의 질	실사 입지 조건 · 경쟁 상황 · 고객 행동
매출요인의 정리	고객층 · 매출요인의 가설 세우기			
	매출요인의 규명(무엇이 매출 · 고객 수에 영향을 끼치고 있는가)			
분석에서 나온 자료의 수치화	전략면		전술면	
	성장성 (출점 여지)	상권분석 (도미넌트)	출점 기준	예측 시스템	기존 점포 활성화
	자사 경쟁도 (임팩트)	출점 전략 (후보 구역 선정)		매출 예측 조사	

인터뷰나 매출 상황의 분석 등을 바탕으로 매출이 높은 조건을 가설로 세운다.
실제로 그 가설을 뒷받침할 통계분석이나 실사를 시행해서 가설을 더 고도 정밀화를 함과 동시에 수식화한다.

밀도는 크게 달라진다. 이를 위해 행하는 것이 체인의 대표나 점포 개발 담당, 점포 운영 담당과의 인터뷰다.

라면 체인의 경우 과거에는 가게 근처에 장외 마권장이 있으면 매출이 올라간다고 하는 예가 있었다. 이 체인에서도 그런 특별한 매출요인이 감춰진 것은 아닐까? 어떤 매출요인이 관련된 것은 아닌지 의문이 솟아나면 가설을 세워서 자료와 데이터를 수집하고 검증한다. 가설이 틀렸다면 다른 매출요인에 따라 새로운 가설을 세우고 또 데이터를 수집해서 검증한다. 이 과정을 반복하면 진짜 효과적인 매출요인이 무엇인지 추적할 수 있다.

인터뷰나 매출 상황을 분석하여 매출이 높은 조건을 가설로 세운다.

실제로 그 가설을 뒷받침할 통계분석이나 실사를 시행해서 가설을 고도로 정밀화하고 수식화해야 한다.

가설과 검증을 반복하여 확실하게 매출을 올릴 수 있는 조건을 만들어라

분석 결과 매출을 올릴 수 있는 매장은 야간 매출의 비율이 높고 남성 고객이 대부분이라는 것을 알 수 있었다. 게다가 고객은 집에서 오는 것이 아니라 일을 끝내고 돌아가는 길에 잠깐 라면 가게에 들러 식사를 해결한다는 사실도 알 수 있었다.

이런 경향을 체인의 대표와 현장의 담당자에게 문의해보니 납득한다는 반응을 보였다. 실제로 매출을 올리고 있는 기존의 매장을 분석해보면 8,000만 원 이상의 매출을 올리고 있는 가게는 전부

① 반경 1km 이내에 야간 인구가 5만 명 이상

② 야간 인구에서 남성 손님이 차지하는 비율이 50% 이상

③ 반경 1km 이내에 사업자의 수가 500개소 이상

의 조건을 충족하고 있는 것을 알 수 있었다.

시뮬레이션 ② 매출이 높은 점포의 요인을 추출한다

조건: 8,000만 원 이상의 점포를 출점 후보로 정했을 경우

점포명	매출(만 원)	야간 인구(1km 이내)	남성 비율(1km 이내)	사업소 수(1km 이내)
A점	10,000	88,000	62%	700
B점	9,000	65,000	52%	800
C점	8,500	100,000	54%	600
D점	8,000	70,000	58%	550
E점	7,500	90,000	45%	700
F점	7,000	48,000	46%	900
G점	6,000	60,000	52%	400
H점	6,500	70,000	52%	300
I점	6,500	55,000	45%	650
J점	6,000	45,000	47%	480

※ 위에 나온 결과는 대단히 간이적인 지표로서 임의로 작성한 것임.
※ 평가 항목은 인터뷰와 분석을 기반으로 도출한 것임.

조건을 충족하는 구역을 찾아라

도카이 지방에서는 위의 3가지 조건을 모두 충족하는 입지의 가게가 8,000만 원 이상의 매출을 올리고 있었다. 간토 지방에서도 ①~③을 충족하는 대지를 발견하면 된다.

자료와 데이터를 수집해서 조건을 충족하는 구역을 점선으로 표시한 것이 다음 지도다. 이 지역 내에 가게를 내면 간토 지역권 내에서도 8,000만 원 이상의 매출을 낼 수 있을 것이다.

시뮬레이션 ③ 지도상에서 작성한다

무사시노코가네이

미타카

후추혼마치

앞 페이지에서의 조건 중 1개의 조건을 충족하는 범위를 색칠하고, 구역 안에서 중심이면서 중심도로변인 포인트를 설정했다. 자세하게 시행할 경우에는 간선도로를 조사하고, 출점할 수 있을 법한 포인트까지 살펴본다.

구역이 정해지면 구체적인 입지를 결정하라

매출을 올릴 수 있는 조건을 충족하는 지역에 가게를 냈을 때 상권이라고 상정되는 곳이 지도에 있는 굵은 테두리 안쪽 구역이다. 출점 후보지로부터 1km 범위로 잡았다. 출점 후보지와 대상 상권이 명백해졌다.

현실적으로 출점할 수 있는 후보지 하나하나의 구역은 꽤 넓다. 그중에서 간선도로변 가까이에 있어 포인트 규모를 충족한다거나 근처에 역 등 고객 유도 시설이 있는 조건이 좋은 곳으로 좁혀나간다.

빈 대지에 새로 가게를 지을 수 있다면 이상적이겠지만 어려울 경우엔 비어 있는 매장을 찾아야 한다. 각 점포가 위치할 장소가 정해지면 다시 한 번 그 입지의 매출요인분석을 해보고 각 점포의 매출 예측을 세

무사시노코가네이

미타카

후추혼마치

요인 분석에 따라 이끌어낸 상권 범위(1km 이내)를 검은 테두리로 설정하고 출점후보지와 대상 상권을 작성한다.

운다. 그 총합이 간토 지역권에 라면 체인을 냈을 때 예상할 수 있는 매출이다.

매출요인분석으로 초정밀 예측까지 가능하다

위에서 세 가지 조건만으로 출점 지역을 판단했지만 현실적으로는 더 많은 조건을 바탕으로 지역을 좁혀간다. 무엇이 매출에 효과적인지 가설을 세워서 검증하는 과정을 반복하고, 적확한 조건을 찾아내면 예측의 정밀도를 높이고 예상 매출에 대한 확신을 가진 상태에서 입지 전략을 진행할 수 있다. 매장을 낸 후에 후회하면 늦다. 하물며 어느 지역에 수십, 수백 개의 매장을 내는 도미넌트 출점을 하게 된다면 입지가 잘못되었을 때 그냥 착오였다고 하는 정도로는 끝나지 않는다. 매출요인분석에 따라 정밀도를 높인 매출 예측은 프랜차이즈 기업에서 필수적으로 해야 하는 작업이다.

디 아이 컨설턴트가 기업의 컨설팅에 종사해온 지 벌써 28년이 되었다. 그사이 실로 다양한 업종을 맡아왔는데 근래에는 고객의 구매 행동이 다양해진 만큼 컨설팅의 내용도 복잡하고 어려워졌다. 그런 가운데 변하지 않고 가게의 매출을 좌우하는 요소로서 입지의 가치가 더욱 커졌다.

우리가 이 책에서 전하고 싶은 내용은 여러분이 평상시에 이용하는 가게가 손님들의 지지를 받는 나름의 이유가 있다는 것, 그리고 그 이유는 수치에 의해 합리적이고 객관적으로 설명할 수 있다는 것이다.

우리는 클라이언트 기업에 대해서 비밀을 지킬 의무가 있어 본 책에서 소개하고 있는 사례는 상황에 따라 약간의 변경을 가했다. 이 책은 에노모토와 구스모토 두 명의 이름으로 디 아이 컨설턴트에서의 입지 노하우를 언어화한 것이다. 문장으로 엮는 것이 생각보다 어려운 작업이어서 메시지가 제대로 전달되었을지 염려된다. 부족한 부분이 있더라도 부디 너그럽게 이해해주시기를 바란다.

마지막으로,
우리 회사에 일을 맡겨주신 클라이언트 기업의 여러분
우리 회사에 지원을 해주신 파트너 기업 여러분
우리 회사의 사업 발전에 온 힘을 쏟아부어주신 선도자분들
우리 회사에서 일하고 있는 모든 스태프
그리고 개인적으로 지지해주신 친구, 가족에게
깊은 감사의 뜻을 표한다.

옮긴이 김지영

이화여자대학교에서 화학과 국문학을, 대학원에서 문헌정보학을 공부했다. 사회, 문화, 예술, 과학, 지역 문제 전반에 대해 두루 차별 없는 관심을 갖고 있다. 특히 일본의 현대 사회와 대중문화에 대해 지속적으로 관심을 두고, 두 나라 간의 소통에서 생기는 오해를 최소한으로 줄이는 것을 목표로 번역에 종사하고 있다. 옮긴 책으로는 『부자의 인간관계』, 『저축의 신』, 『이나모리 가즈오의 왜 사업하는가』가 있다.

돈과 사람을 끌어당기는 입지의 비밀

로케이션

초판 1쇄 발행 2019년 5월 30일
초판 2쇄 발행 2019년 6월 26일

지은이 디 아이 컨설턴트 · 에노모토 아츠시 · 구스모토 다카히로
옮긴이 김지영
펴낸이 김선식

경영총괄 김은영
책임편집 김다혜 **디자인** 김누 **책임마케터** 최혜령
콘텐츠개발5팀장 이호빈 **콘텐츠개발5팀** 봉선미, 김누, 김다혜, 권예경
마케팅본부 이주화, 정명찬, 최혜령, 이고은, 허윤선, 김은지, 박태준, 배시영, 박지수, 기명리
경영관리본부 허대우, 박상민, 윤이경, 김민아, 권송이, 김재경, 최완규, 손영은, 이우철, 이정현
외부스태프 지도, 표, 그래프 이미지 작업 이경진

펴낸곳 다산북스 **출판등록** 2005년 12월 23일 제313-2005-00277호
주소 경기도 파주시 회동길 357 3층
전화 02-704-1724
팩스 02-703-2219 **이메일** dasanbooks@dasanbooks.com
홈페이지 www.dasanbooks.com **블로그** blog.naver.com/dasan_books
종이 (주)한솔피앤에스 **출력 · 인쇄** (주)갑우문화사

ISBN 979-11-306-2195-1 (13320)